13.09.2004

Mein Freund!

Jetzt bist du nicht nur im geistigen sondern auch im rechtlichen Sinn ein Mann. Einen kleinen Wegweiser zum Weg des „Erfolges" möge dir dieses Buch geben.

Alles Liebe

Oliver

Roger E. Allen/Stephen D. Allen

PUS WEG ZUM ERFOLG

Bärige Strategien, ein Ziel zu erreichen

Aus dem Amerikanischen von
Ulrike Wasel und Klaus Timmermann

Hoffmann und Campe

Die Originalausgabe erschien 1997 unter dem Titel
»Winnie-the-Pooh on Success« bei Dutton/Penguin Putnam Inc., USA.

1. Auflage 2002

www.hoffmann-und-campe.de
Schutzumschlaggestaltung: Büro Hamburg/Mirja Winkelmann
unter Verwendung einer Illustration der Originalausgabe
Satz: Utesch GmbH, Hamburg
Druck und Bindung: Clausen & Bosse, Leck
Printed in Germany
ISBN 3-455-09376-0

HOFFMANN
UND CAMPE

Ein Unternehmen der
GANSKE VERLAGSGRUPPE

Für Marilyn und Stasia.
Und für Colter Blake Allen, den neusten Nachwuchs
der Familie Allen.

DANKSAGUNG

Wir danken den hervorragenden Mitarbeiterinnen und Mitarbeitern der Tacoma Public Library, insbesondere Patricia Vance und Meg Justus, die durch ihre Recherchen Antworten selbst auf schwierige Fragen finden, sowie David Domkoski, der Autoren und Leser zusammenbringt.

INHALT

EINLEITUNG

Danach geht's los

Vor langer, langer Zeit – als Winnie-der-Pu ein sehr, sehr kleiner Bär war und Christopher Robin jedes Mal, wenn jemand ihn fragte: »Was würdest du heute am allerallerliebsten tun?«, antwortete: »In den Zoo gehen« – waren sich fast alle einig, was »Erfolg« ist.
Wenn wir das Wort »Erfolg« in einem Wörterbuch aus der damaligen Zeit nachschlagen, finden wir zum Beispiel die Definition: »Das Erlangen von Reichtum, einer angesehenen Position, von Ruhm und Ehre oder dergleichen.« Mehr nicht. Punkt, aus! Und so war es Hunderte von Jahren oder vielleicht sogar länger in der westlichen Gesellschaft. Auch wenn man es gar nicht wollte, drängte die Kultur einen in diese Richtung.
Als Christopher Robin sich an dem verzauberten Ort oben in der Mitte des Waldes von Pu verabschiedete, hatte er das Gefühl, dass er, wenn er groß wäre, nicht mehr das würde tun können, was er am allerliebsten tat. Und das nannte er »gar nichts tun«.

> »Wie tut man gar nichts?«, fragte Pu, nachdem er lange gegrübelt hatte.
> »Das ist, wenn man es gerade tun will und die Leute wollen von einem wissen: ›Und was willst

du *jetzt* tun, Christopher Robin?‹ Und dann sagt man: ›Och, gar nichts‹, und dann tut man's einfach.«
»Aha, verstehe«, sagte Pu. […]

Christopher Robin hatte immer noch das Kinn in die Hände gestützt und betrachtete die Welt; dann rief er plötzlich: »Pu!«
»Ja?«, sagte Pu.
»Wenn ich … Wenn ich … Pu!«
»Ja, Christopher Robin?«
»Ich werde nicht mehr gar nichts tun.«
»Nie wieder?«
»Kein bisschen. Sie lassen einen nicht.«

Irgendwann in der Mitte des letzten Jahrhunderts oder so um den Dreh wurde die traditionelle Erfolgsdefinition, die »sie« vertraten, zunehmend in Frage gestellt. 1948 schrieb Thomas Merton in seinem Buch *Der Berg der sieben Stufen*, die Logik weltlichen Erfolgs beruhe auf einem Trugschluss, auf dem merkwürdigen Irrtum, unsere Perfektion hänge vom Denken, den Meinungen und dem Beifall anderer ab.

Jetzt, am Anfang eines neuen Jahrtausends, geben immer mehr Menschen Thomas Merton Recht. Sie entscheiden selbst, was Erfolg ist, und darunter kann durchaus das Erlangen von Reichtum, einer angesehenen Position, von Ruhm und Ehre oder dergleichen fallen, muss aber nicht. Die Menschen erkunden neue Möglichkeiten, wie sie ihr Leben und ihre berufliche Laufbahn strukturieren können. Viele lassen Spiritualität wieder aufleben und entwickeln eine Philosophie der Tugenden und moralischen Werte. Andere verändern Beziehungen und soziale Strukturen und setzen sich für persönliche Entwicklung unter Verwendung alter und neuer Ressourcen, Techniken und Kenntnisse ein. Nachdem sie sich klar gemacht haben, was Erfolg für sie bedeutet, gehen sie darüber hinaus bewusst das Risiko ein und bemühen sich, Erfolg zu haben.

Diese neue Art und Weise, erfolgreich zu sein, findet sehr schön in einem chinesischen Sprichwort ihren Ausdruck: »Viele Wege führen zum Gipfel des Berges, aber die Aussicht ist immer gleich.«

Allerdings ist der Weg, den man einschlägt, um zum Gipfel zu gelangen verschieden, vielleicht ist er nicht mehr markiert, nicht mehr asphaltiert, breit und gerade. Normalerweise ist es einfacher, den Weg zu gehen, den die meisten gehen, als sich selbst einen Weg zum höchsten Punkt zu suchen und zu bahnen.

Aus diesem Grund haben wir das vorliegende Buch geschrieben. Natürlich können wir nicht versprechen, dass die Lektüre von Pus Weg zum Erfolg euch zum Erfolg (wie immer ihr auch Erfolg definiert) verhilft. Wir sind allerdings überzeugt, dass ihr mit den erprobten und bewährten Ressourcen, Techniken, Prinzipien und Verfahren, die wir hier vorstellen, euren persönlichen Weg zum Gipfel des Erfolgs einfacher und schneller bewältigen werdet. Mit ihrer Hilfe haben unsere Klienten und wir selbst das gewünschte Ziel erreicht. Wir sind überzeugt, dass es bei euch nicht anders sein wird, und wir sind sicher, dass ihr die Reise und die Aussicht genießen werdet.

Soeben kam I-Ah von dem Blumenkasten auf der Fensterbank, wo er eine neue Distelart gekostet hatte, die wir auf seine Bitte hin gepflanzt hatten, zu uns herüber und fragte, was wir da schreiben würden.

Wir erklärten ihm, dass es der Anfang eines neuen Buches über Erfolg sei und dass es Menschen helfen werde, ihre individuelle Version von Erfolg zu definieren und zu verwirklichen.

I-Ah kaute nachdenklich auf dem letzten Stückchen Distel und nickte dann.

»Ich verstehe durchaus, warum viele so etwas machen wollen«, sagte er langsam. »Schließlich haben nur wenige von uns das Glück, ein *Equus asinus* zu sein. Das ist ein Esel, wisst ihr.«

I-Ah wartete rücksichtsvoll ein Weilchen, um sicherzugehen, dass wir ihn verstanden hatten. »Traurig, aber wahr«, sagte er düster und blickte dann wieder zum Blumenkasten, um nachzusehen, ob er vielleicht ein

paar Disteln übersehen hatte, während er mit uns sprach.
»Zufälligerweise«, fuhr I-Ah fort, »denke ich selbst gerade über eine neue Karriere nach – persönliche Entwicklung und sowieso und so weiter, ihr wisst schon. Ich überlege, Volkswirt zu werden. Genau genommen, bin ich nicht von selbst drauf gekommen. Eule meinte, das wäre vielleicht das Richtige für mich. Sie hat gesagt, jemand namens Thomas Carlyle habe gesagt, die Volkswirtschaft sei eine ›trostlose Wissenschaft‹. Das hört sich überaus interessant an.«

Bevor wir antworten konnten, murmelte I-Ah etwas von, er müsse gehen und sich um ein neues Distelfeld kümmern, und trottete von dannen, so dass wir uns wieder dem Schreiben zuwandten.
Bevor wir anfangen, müssen wir zweierlei erklären. Wenn ihr allerdings entweder *Pu in Nadelstreifen* oder *Pu it yourself* gelesen habt, könnt ihr den Rest dieser Einleitung überspringen (es sei denn, ihr wollt euer Gedächtnis auffrischen), was euch einen Vorsprung vor denjenigen beschert, die die beiden Büchlein nicht kennen.

Erstens, wir verwenden die Abenteuer von Winnie-dem-Pu und seinen Freunden (die wieder einmal so außerordentlich nett waren, uns die Erlaubnis dazu zu erteilen), weil wir in unserer Beratertätigkeit die Erfahrung gemacht haben, dass Leute mehr lernen und sich besser etwas merken können, wenn wir es anhand besagter Abenteuer veranschaulichen. In der Psychologie heißt diese Technik »zu erlernendes Material in einen unbekannten Kontext stellen«. Wie Pu dazu bemerkte, »zum Beispiel in den Hundertsechzig-Morgen-Wald«.

Zweitens, in *Pu in Nadelstreifen* traf Pu den Fremden im Hundertsechzig-Morgen-Wald am Honigbaum. Der Fremde bat Pu um Hilfe beim Verfassen eines Buches über die Grundlagen des Managements. Der Fremde heißt so, weil das der Name ist, der Pu als Erstes einfiel, obwohl er ihm vielleicht gar nicht eingefallen ist und wir das nur gedacht haben. Jedenfalls, der Name ist hängen geblieben, auch wenn es kein richtiger Name ist. Wie Winnie-der-Pu, dessen richtiger Name Eduard Bär ist, sagen würde: »Manche haben einen Spitznamen und manche nicht, so ist das nun mal.«

Mehr müsst ihr wirklich nicht wissen, um anzufangen. Kommt also mit in den Hundertsechzig-Morgen-Wald, wo ein paar wunderbare Freunde es kaum erwarten können, mit uns zusammen zu lernen.

KAPITEL 1

In welchem Eule den Fremden findet, das Erfolgsrezept vorgestellt wird und I-Ah ein Pu-Stock wird

Niemand weiß genau, wie es dazu kam, dass Eule den Fremden fand. Gerade noch saßen Pu, Ferkel, I-Ah, Eule und Ruh zusammen um den Honigbaum und unterhielten sich, wobei Pu zunehmend konfusiert wurde, und schon im nächsten Augenblick war Eule losgeflogen und in der Ferne verschwunden.
Als Eule einige Tage später wiederkam, war der Fremde bei ihr.
»Hallo, Pu!«, rief der Fremde, als er noch ein gutes Stück entfernt war. »Hallo, Ferkel! Hallo, I-Ah!«

Pu, Ferkel, I-Ah und Ruh standen auf der Brücke und hatten eben eine lange Partie Pu-Stöcke beendet. Eule flog heran und landete auf einem Pfosten der Brücke, und der Fremde kam herauf und setzte sich auf eines der Geländer, das sich bedrohlich verbog, als könne es ihn nicht allzu lange verkraften.
»Pass lieber auf«, sagte I-Ah. »Sonst endest du noch als Pu-Stock.« Und ihm fröstelte bei der Erinnerung daran, wie es war, ein Pu-Stock zu sein.
»Ich bin so schnell gekommen, wie ich konnte«, sagte der Fremde. »Eule hat gesagt, ihr hättet ein Problem, bei dem nur ich helfen könne.«
»Ach ja. Nun, es geht bloß um Folgendes«, sagte Pu. »Wir haben uns darüber unterhalten, wie schön es ist, dass ich gelernt habe, wie ich ein Sehr-wichtiger-Bär sein kann, weil ich die Grundlagen des Managements beherrsche, und dass ich das gewaltige Glück habe, ein Problem-lösender-Bär zu sein, aber dass ich glaube, irgendwas fehlt …« Und dann hielt Pu inne und blickte auf, eine Pfote an den Kopf gelegt und die andere unter den Arm gesteckt, und versuchte nachzudenken.
Ein sehr leises Knirschen kam von der Stelle, wo der Fremde saß, doch das Einzige, was geschah, war, dass I-Ah die Augen verdrehte und Pu weiter nachdachte.
Nach einer ganzen Weile, in der Pu nachdachte, Ferkel nervös auf- und abhüpfte, I-Ah darauf wartete, dass der Fremde ein Pu-Stock wurde, und der Fremde geduldig abwartete, fuhr Pu fort.
»Ich denke«, setzte er an, »dass ich etwas *tun* will.«

»Was denn?«, fragte der Fremde.
»Genau das hat mich ja konfusiert«, antwortete Pu. »Ich möchte anwenden, was ich gelernt habe. Ich möchte ... Ich möchte ...«
»Erfolgreich sein?«, fragte der Fremde.
»Ja«, sagte Pu. »Erfolg reich!«
»Ich auch! Ich auch!«, riefen Ferkel und Ruh.
»Ihr seid doch schon erfolgreich«, sagte der Fremde. »In vielerlei Hinsicht.«
»Wirklich?«, fragte Pu. »Ich meine, ich möchte anwenden, was ich gelernt habe, um etwas zu *tun*. Etwas Wichtiges. Etwas, das ein Erfolg wird.«
»Ich habe da etwas, das dir, glaube ich, helfen könnte«, sagte der Fremde. »Es heißt das Erfolgsrezept.«

Pu rümpfte die Nase und schnitt eine Grimasse. »Wie schmeckt das?«, fragte er.
»*So* ein Rezept ist das nicht, dummer Bär«, sagte der Fremde und unterdrückte ein Lachen. »Es ist wie bei

der Problemlösungsmethode SOLVE. Es ist ein Verfahren, systematisch zu definieren, was genau du tun willst, und das dir dann hilft, es zu tun.«
»So wie SOLVE geholfen hat, Probleme zu lösen!«, sagte Ferkel.
»Genau«, sagte der Fremde. Und er nahm ein Blatt Papier aus seiner Mappe und schrieb etwas darauf. Als er fertig war, drehte er es um und zeigte es seinen Freunden. Und das hier hatte er geschrieben:

Erwählt einen Traum
Richtet euren Traum auf ein Ziel
Fertigt einen Plan an
Organisiert Ressourcen
Lernt oder verbessert Fertigkeiten und Fähigkeiten
Gestaltet eure Zeit klug (organisiert euch, und los geht's)

»Da steht ›Erbfolge‹!«, rief Ferkel, das sich alles ansah, was der Fremde geschrieben hatte, um zu sehen, was es bedeutete, denn normalerweise bedeutete es etwas, und Ferkel bemerkte so etwas gern als Erster.
»Fast, Ferkel«, sagte der Fremde. »Da steht ›Erfolg‹.«
»Hab ich doch gemeint«, sagte Ferkel.
»Und das ist wieder so ein Akro-dingsbums«, sagte Pu.
»Ja«, sagte der Fremde. »Das ist wieder ein Akronym. Es soll euch dabei helfen, euch an die verschiedenen Schritte zu erinnern, die ihr machen müsst, wenn ihr etwas erreichen wollt.«

»Dann muss ich also nur diese Schritte befolgen?«, fragte Pu.
»Ja, Pu«, antwortete der Fremde.
»Und das ist alles?«, fragte Pu wieder, langsam.
»Na ja, du solltest schon noch etwas mehr wissen, bevor du anfängst«, sagte der Fremde. »Und ich würde dir sehr gern zeigen, was. Aber im Grunde ist das tatsächlich alles, was du wissen musst.«
»Prima! Wir sind bereit!«, quiekte Ruh, das dann zweimal im Kreis herumlief, bevor es sich fing und wieder hinsetzte.
»Aber da wäre noch eine winzige Kleinigkeit«, sagte der Fremde.
»Hätte ich mir doch denken können«, stöhnte I-Ah. »Erst sieht alles rosig und nett und freundlich aus, als könnten wir ›Ringel, Ringel, Rosen‹ auf einem Ameisenhaufen tanzen ... Ich hätte es mir denken können.«
»Und zwar –«, sagte der Fremde.
»Äh, Entschuldigung«, unterbrach ihn Pu. »Nur noch eine kleine Frage. Äh ... Worin werden wir eigentlich erfolgreich sein?«
»Sehr gut, Pu!«, antwortete der Fremde. »Genau darüber wollte ich sprechen. Nämlich: Was ist Erfolg?«

»Erfolg ist, wenn man in der Schule die Antworten weiß«, sagte Ferkel, das in Christopher Robins Tasche zur Schule gegangen war, aber dort nicht viele Antworten gewusst hatte.
»Erfolg ist, wenn man bekannt ist«, sagte Pu, obwohl er nicht ganz sicher war, ob das schon alles war.
»Erfolg ist ein großes Distelfeld«, sagte I-Ah.
»Spielen in einer großen Sandkuhle!«, sagte Ruh.
»Das ist sehr interessant«, sagte der Fremde. »Und ihr werdet mir bestimmt Recht geben, wenn ich sage, dass wir eines herausgefunden haben: Ihr habt Erfolg alle unterschiedlich erklärt.«
»Ist das schlimm?«, fragte I-Ah.
»Das ist nicht schlimm. Aber es ist wichtig, sich das klar zu machen«, sagte der Fremde. »Jeder von euch definiert Erfolg auf seine Art. Ferkel hat gesagt, Erfolg sei Wissen, und Pu hat gesagt, Erfolg sei Ruhm – «
»Hab ich das?«, fragte Pu.
» – I-Ah hat gesagt, Erfolg sei Glück, in Form eines großen Distelfeldes. Und Ruh hat gesagt, Erfolg sei, einfach zu sein. Keine Antwort ist entweder richtig oder falsch, denn jede ist für den jeweiligen von euch richtig. Ein Wörterbuch könnte Erfolg als »das Erreichen eines erwünschten Ergebnisses« definieren, aber diese Definition beinhaltet eben auch den Gedanken, dass jeder Erfolg spezifisch für denjenigen ist, der definiert, welches Ergebnis erwünscht ist.«
»Und das Erfolgsrezept ist dabei eine Hilfe?«, fragte Ferkel.

»Ja«, sagte der Fremde. »Es kann eure persönliche Entwicklung steuern, oder eure spirituelle Entwicklung, und euch helfen, die Dinge zu erreichen, die für euch am wichtigsten sind.«
»Persönlich, glaube ich, habe ich mich genug entwickelt«, sagte I-Ah.
»Und wenn du das nicht weißt?«, fragte Pu. »Ob du dich genug entwickelt hast, meine ich. Oder ob es reicht, bekannt zu sein.«
»Es hilft euch zu entscheiden, was für ein Ergebnis ihr euch wünscht«, sagte der Fremde, »und es hilft euch, das Ergebnis zu erzielen. Ob ihr nun an der Wall Street arbeitet oder nach Erleuchtung sucht – euren spirituellen Weg neu bestimmen wollt oder versucht, die Gegenwart zu genießen –, ob ihr Geschäftsmann oder ein Bär seid, Studentin oder ein – «
»Ferkel!«, rief Ferkel.
» – oder ein Ferkel. Ob ihr euch wünscht, bei der Arbeit besser zu sein, einen neuen Job zu kriegen oder aus einem Hobby einen Beruf zu machen. Der Prozess, zu bestimmen, was Erfolg für euch bedeutet, und euch dann daranzumachen, das Ergebnis zu erzielen, ist der gleiche.«
»Das klingt ja alles ganz schön«, sagte Pu. »Aber ich habe meistens Probleme mit den ›Wies‹.«
»Ich möchte euch eine Geschichte erzählen«, sagte der Fremde. »Vielleicht werdet ihr den Weg dorthin dadurch besser verstehen.«
Und dann erzählte er, wie Pu einmal den Nordpol ent-

deckt hatte. Und obwohl sich alle genau erinnern konnten, wie das gewesen war, genossen sie es, in der warmen Sonne zu sitzen und die ganze Geschichte noch einmal zu hören.

Christopher Robin saß vor seiner Tür und zog sich gerade die großen Stiefel an. Sobald Pu die großen Stiefel sah, wusste er, dass ein Abenteuer passieren würde, und er strich sich mit dem Pfotenrücken den Honig von der Nase, und er putzte sich so gut wie möglich heraus, um auszusehen, als wäre er zu allem bereit.

»Guten Morgen, Christopher Robin!«, rief er.

»Hallo, Pu Bär. Ich komme nicht in diesen Stiefel.«

»Das ist schlimm«, sagte Pu.

»Meinst du, du könntest dich freundlicherweise gegen mich lehnen, weil ich immer wieder so stark ziehe, dass ich immer wieder umfalle?«

Pu setzte sich, grub seine Füße in den Boden und drückte heftig gegen Christopher Robins Rücken, und Christopher Robin drückte heftig gegen Pus Rücken, und er zog und zog an seinem Stiefel, bis er ihn angezogen hatte.
»Das war das«, sagte Pu. »Was tun wir als Nächstes?«
»Wir gehen auf eine Expedition«, sagte Christopher Robin, als er aufstand und sich abbürstete. »Danke, Pu.«
»Auf eine Expotition?«, sagte Pu eifrig. »Ich glaube, auf so was war ich noch nie. Wohin müssen wir, um auf diese Expotition zu kommen?«
»Expedition, dummer alter Bär. Da ist ein ›x‹ drin.«
»Ach!«, sagte Pu. »Ich weiß.« Aber das stimmte eigentlich nicht.

»X-Worte sind nämlich sehr schwierig, wisst ihr«, sagte Pu.
»Außßßerordentlich«, sagte Eule.

Wir werden den Nordpohl entdecken.«
»Ach!«, sagte Pu wieder. »Was *ist* der Nordpohl?«, fragte er.
»Das ist eben etwas, was man entdeckt«, sagte Christopher Robin leichthin, denn genau wusste er es auch nicht.
»Ach! Verstehe«, sagte Pu. »Sind Bären gut im Entdecken?«

»Natürlich sind sie das. Und Kaninchen und Känga und ihr alle ebenfalls. Es ist eine Expedition. Das bedeutet Expedition. Alle, und zwar in einer langen Reihe. Sag schnell den anderen Bescheid, dass sie sich fertig machen, während ich mein Gewehr überprüfe. Und wir müssen alle Proviant mitbringen.«

»Was mitbringen?«
»Sachen zum Essen.«
»Ach!«, sagte Pu froh. »Ich dachte, du hättest ›Proviant‹ gesagt. Ich gehe hin und sage Bescheid.« Und er stapfte davon.

»Als Pu diese großen Stiefel sah«, erklärte der Fremde der Gruppe Tiere um sich herum, »wusste Pu, dass Christopher Robin Lust auf ein Abenteuer hatte. Das ist ein Beispiel für den Schritt ›Erwählt einen Traum‹. Das heißt, Christopher Robin hatte sich für die allgemeine Richtung oder Vorstellung von etwas entschieden, was er tun wollte. Als er zu Pu gesagt hat, sie würden auf eine Expedition gehen – «
»Expotition«, verbesserte Pu.
» – hatte Christopher Robin seinen Traum, ein Abenteuer zu erleben, auf ›das Ziel gerichtet‹, den Nordpohl zu finden. Der nächste Schritt, ›Fertigt einen Plan an‹, wurde vollzogen, als ihr alle Vorbereitungen für die Expedition getroffen habt. Dass ihr alle in einer langen Reihe losmarschiert seid, um den Nordpohl zu ent-

decken, war Teil des Plans. Ein weiterer Teil des Plans war der, Proviant mitzubringen – «

»Und Christopher Robins Gewehr«, sagte Ferkel. »Na ja, falls wir Wuschel oder Heffalumps begegnen.«

» – und dafür musstet ihr ›Ressourcen organisieren‹«, sagte der Fremde, »und zwar genug von all den verschiedenen Dingen, von denen ihr meintet, dass ihr sie vielleicht brauchen würdet.«

»Aber was ist mit dem nächsten Schritt?«, fragte Ferkel. »›Lernt oder verbessert Fertigkeiten und Fähigkeiten‹, oder wie der hieß. Hat das was mit Kängas Stärkungsmedizin zu tun?«

»Nein«, sagte der Fremde. »Wenn – «

»Da bin ich aber froh«, sagte Ferkel, dem schauderte, als es daran dachte, wie scheußlich sie geschmeckt hatte.

»–wir sagen: ›Lernt oder verbessert Fertigkeiten und Fähigkeiten‹, meinen wir das Erlernen oder Verbessern oder Aneignen von Fertigkeiten, von denen ihr meint, dass ihr sie eventuell zur Erreichung des Zieles braucht, das ihr euch selbst gesetzt habt. Wie Pu das vor der Expedition gemacht hat. Wisst ihr noch?«
Und der Fremde erzählte ihnen, was mit Pu vor der Expedition passiert war.

Eines schönen Tages war Pu in den obersten Teil des Waldes gestapft, um zu sehen, ob sich Christopher Robin überhaupt noch für Bären interessierte. Zum Frühstück an jenem Morgen (nur eine einfach Mahlzeit aus Orangenmarmelade, dünn auf eine bis zwei Honigwaben gestrichen) war ihm plötzlich ein neues Lied eingefallen. Es fing so an:

»Singt Ho! der Bär soll leben!«

Als er so weit gekommen war, kratzte er sich am Kopf und dachte bei sich: Das ist ein guter Anfang für ein Lied, aber was ist mit der zweiten

Zeile? Er versuchte zwei- bis dreimal »Ho« zu singen, aber das schien auch nicht zu helfen. Vielleicht wäre es besser, dachte er, wenn ich »Singt Hei! der Bär soll leben!« sänge. Also sang er es … Aber es war nicht besser. »Na gut«, sagte er, »ich werde diese erste Zeile zweimal singen, und vielleicht, wenn ich sie sehr schnell singe, werde ich bemerken, dass ich die dritte und die vierte Zeile singe, ohne vorher Zeit zu haben, über sie nachzudenken, und das ist dann ein gutes Lied. Also jetzt:

Singt Ho! der Bär soll leben!
Singt Ho! der Bär soll leben!
Es ist mir egal, ob Schnee oder Regen,
Meine Nase riecht Honig auf allen Wegen!
Es macht mir nichts aus, ob es schneit oder taut,
Denn ich hab mir die Pfoten mit Honig besaut!
Singt Ho! der Bär soll leben!
Singt Ho! leben soll Pu!
Er braucht einen kleinen Mund voll ab und zu!«

Er war so zufrieden mit diesem Lied, dass er es den ganzen Weg über sang, bis ganz oben im Wald. Und wenn ich es noch sehr viel länger singe, dachte er, wird es Zeit für den kleinen Mund voll, und dann stimmt die letzte Zeile nicht mehr, weil ich dann nicht ab und zu einen kleinen Mund voll brauche, sondern sofort.

Deshalb wandelte er den Gesang in ein Gesumm um.

»Indem du Summen geübt hast, hast du deine Fertigkeiten auf ausgezeichnete Art und Weise verbessert«, sagte der Fremde. »Und genau das ist gemeint, wenn wir sagen: ›Verbessert Fertigkeiten und Fähigkeiten.‹ Dieser Schritt ist Teil des Prozesses, der es euch ermöglicht, Dinge zu tun, die ihr vielleicht noch nie getan habt. Wenn ihr euch neue Fertigkeiten aneignet oder Fähigkeiten verbessert, über die ihr bereits verfügt, gelingen euch Dinge, die ihr vielleicht für unmöglich gehalten habt.«
»Wie als ich mir während der Expotition das Nordpohl-Lied ausgedacht habe«, sagte Pu.
»Als du, Pu, Kaninchen getroffen hast«, sagte der Fremde, »und es gebeten hast, an Känga die Nachricht weiterzugeben, dass eine Expedition stattfinden solle, hast du an Kaninchen die Aufgabe delegiert, andere zu verständigen, was ein gutes Beispiel für den letzten Schritt des Erfolgsrezeptes ist, nämlich ›Gestaltet eure Zeit klug‹.«
Diese Sorte Bär, dachte Pu. »Welcher Teil war das noch mal genau?«, fragte er.
Der Fremde erzählte den Teil der Geschichte:

»Hallo, Kaninchen«, sagte er, »bist du das?«
»Wir wollen mal so tun, als wäre ich es nicht«, sagte Kaninchen, »und sehen, was passiert.«

»Ich habe eine Nachricht für dich.«
»Ich werde sie weitergeben.«
»Wir gehen alle zusammen mit Christopher Robin auf eine Expotition!«
»Was ist es, wenn wir drauf sind?«
»Eine Art Boot, glaube ich«, sagte Pu.
»Ach, *die* Art!«
»Ja. Und wir werden einen Pohl oder so was Ähnliches entdecken. Oder war es eine Mole? Auf jeden Fall werden wir es entdecken.«
»Entdecken sollen wir das Ding?«, sagte Kaninchen.
»Ja. Und wir sollen Pro-Sachen zum Essen mitbringen. Falls wir sie essen wollen. Jetzt gehe ich weiter zu Ferkel. Und du sagst es Känga weiter, ja?« [...]

Nach kurzer Zeit waren alle oben im Wald versammelt, und die Expotition fing an. Zuerst kamen Christopher Robin und Kaninchen, dann Ferkel und Pu; dann Känga mit Ruh in ihrem Beutel und Eule; dann I-Ah; dann, zum Schluss, Kaninchens sämtliche Bekannten-und-Verwandten.

»Ich habe sie nicht dazugebeten«, erklärte Kaninchen leichthin. »Sie sind einfach so gekommen. Das tun sie immer. Sie können am Schluss marschieren, hinter I-Ah.«

»Ihr seht also«, sagte der Fremde, »ihr habt alle den letzten Schritt wunderbar ausgeführt, und noch dazu den Zusatz, der da heißt: ›Organisiert euch, und los geht's.‹ Und das habt ihr getan.«

»Ja«, sagte Ferkel. »Aber das war nur der Anfang. Danach sind alle möglichen Sachen passiert.«

»Das stimmt, Ferkel«, sagte der Fremde. »So ist das nun mal mit Abenteuern. Aber mit dem Anfang von Sachen haben die meisten so ihre Probleme, und ihr hattet einen sehr guten Anfang und wart ausgesprochen erfolgreich.«

»Ja«, piepste Ruh. »Pu hat den Nordpohl gefunden!«

»Du hast uns zwar jetzt alles erzählt«, sagte Pu nach einem Augenblick, »aber ich glaube, ich bin noch immer konfusiert.«

»Ich auch!«, sagte Ferkel.

»Es ist nicht einfach«, sagte I-Ah.

»Aber nicht doch«, sagte der Fremde. »Es ist ganz einfach, wenn ihr Schritt für Schritt vorgeht. Genau genommen sind viele von den Schritten Dinge, die ihr bereits könnt.«

»Wirklich?«, fragte Pu.

»Ja«, sagte der Fremde. »Ferkel, erinnerst du dich zum Beispiel noch an den Tag, als Pu zu dir gesagt hat: ›Ich habe beschlossen, ein Heffalump zu fangen‹?«

»Und ob ich mich erinnere«, sagte Ferkel, dem es erneut schauderte.

»Nun, das war ein Beispiel für den zweiten Schritt, in dem ein Ziel benannt wird.«

»Aber was war denn der Traum, der auf das Ziel gerichtet wurde?«, fragte I-Ah.
»Ich hatte von einem Heffalump geträumt«, sagte Pu.
»Ich hatte einen schrecklichen Alptraum von einem Heffalump«, quiekte Ferkel.
»Ich bin sicher, Pu hat daran gedacht, ein Abenteuer zu erleben«, sagte der Fremde. »Ein weiteres Beispiel ist die Suche nach Klein, die ihr organisiert habt, da hat Pu in seinem Kopf eine Liste aufgeschrieben, ›Wie man Sachen sucht. Reihenfolge‹, das ist ein sehr schönes Beispiel für den Schritt ›Fertigt einen Plan an‹. Oder als Pu seine Honigtöpfe gezählt hat, ein gutes Beispiel dafür, wie ihr ›Ressourcen organisieren‹ könnt.«
»Aber *wie* hilft einem das alles denn nun dabei, erfolgreich zu sein?«, fragte Pu.
»Wenn ihr die Schritte des Erfolgsrezepts nacheinander befolgt«, antwortete der Fremde, »konzentriert ihr eure Aufmerksamkeit und bündelt eure Bemühungen auf eine Weise, die äußerst wirkungsvoll und nützlich ist.«
»Nützlich für was?«, fragte Pu.
»Um das zu erreichen, was ihr für wichtig haltet«, sagte der Fremde. »Und euren Willen bewusst zu lenken ist erheblich wirkungsvoller als die Barrieren und Restriktionen, die normalerweise verhindern, dass ihr Erfolg habt. Und *so* hilft es euch, erfolgreich zu sein.«
Pu nickte, wenngleich er nicht ganz sicher war, was Barjähren und Rehstitzjonen waren, aber dass sie ihn am Erfolg hinderten, war wirklich nicht nett.

Nach einem Augenblick fuhr der Fremde fort. »Und all die Schritte sind Dinge, die sehr leicht zu lernen sind oder die ihr bereits kennt. Sie sind umso effektiver, wenn ihr sie zusammen anwendet. Zum Beispiel wie damals, als du deine Honigtöpfe gezählt hast«, sagte der Fremde, auf Pu deutend. »Das ist ein Beispiel für den vierten Schritt, ›Organisiert Ressourcen‹.«

»Dabei fällt mir ein ...«, bemerkte Pu.

»Ihr seht also«, sagte der Fremde, »dass es sich bei vielen der Dinge, die Bestandteile des Erfolgsrezeptes sind, um Dinge handelt, von denen ihr bereits wisst, wie sie gehen.«

»Es ist schon ziemlich spät«, sagte Pu. »Meint ihr nicht auch?«

»Aber wenn ihr sie in der richtigen Reihenfolge tut«, fuhr der Fremde fort, »und ihr eure Träume habt und euch bewusst Ziele setzt, könnt ihr alles erreichen, was ihr in Angriff nehmt.«

»Es muss weit nach dem zweiten Frühstück sein«, sagte Pu. »Kurz vor dem dritten, würde ich meinen.«

Der Fremde begriff, dass Pu sich wohl nicht mehr konzentrieren könne, wenn nicht irgendetwas geschah, also packte er einen kleinen Imbiss aus, den er rasch eingesteckt hatte, als Eule ihn gefunden hatte, und sie alle taten sich daran gütlich. Der Fremde setzte sich wieder auf das Geländer, das sich erneut verbog und bedrohlich knarrte, aber hielt. Erst als der ganze Imbiss verputzt war und sie dasaßen und den Vögeln und anderen Geräuschen des Waldes lauschten, ergriff Pu wieder das Wort.

»Alles, was du uns erzählt hast, ist sehr interessant«, sagte er, »aber ich als Bär von sehr wenig Verstand muss noch mehr wissen. Meinst du, du könntest vielleicht in Erwägung ziehen – «

»Ja! Ja!«, quiekte Ferkel. »Bleib, und bring uns mehr über Erfolg bei! Bitte! Bitte!«

»Tja«, sagte der Fremde, »eure Bitte schmeichelt mir zwar sehr. Aber ich bin sehr beschäftigt und – «

»Aber wir haben dir doch auch geholfen«, sagte Pu, »als du das Buch über Management geschrieben hast.«

»Und dann noch einmal, als du was über Probleme lösen geschrieben hast«, sagte Ferkel.

»Bitte«, sagte Ruh und zupfte den Fremden an der Hose.

Der Fremde dachte einen Moment lang nach und sagte dann: »Ihr habt vollkommen Recht. Ihr habt mir ungeheuer geholfen, und wenn ihr wollt, dass ich bleibe und euch alles über das Erfolgsrezept beibringe, dann mache ich das.«

Mit diesen Worten sprang der Fremde von dem Geländer, auf dem er saß. Wieder knarrte es, diesmal ein wenig lauter als das letzte Mal.

I-Ah ging zu der Stelle, wo der Fremde gesessen hatte, und prüfte das Geländer mit einem Huf. Dann lehnte er sich vorsichtig mit beiden Vorderhufen dagegen. Das Holz knarrte leise, aber hielt. »Ich war sicher, es würde – « *Krach*! Und I-Ah fiel von der Brücke in den Fluss.

Pu und die anderen liefen zum Rand der Brücke, wo das Geländer gewesen war, um nachzusehen, ob mit

I-Ah alles in Ordnung war, doch als sie aufs Wasser schauten, war er unter die Brücke getrieben. Also liefen alle zur anderen Seite der Brücke und warteten.
»Da!«, rief Ferkel. »Da ist er!«
Und schon kam I-Ah unter der Brücke hervorgetrieben, auf dem Rücken, alle vier Hufe in die Luft gestreckt.
»I-Ah«, sagte Pu. »Geht's dir gut?«
»Etwa so gut, wie es einem gehen kann … unter den gegebenen Umständen«, erwiderte I-Ah. »Ich glaube, es ist mir soeben wieder *erfolgreich* gelungen, ein Pu-Stock zu werden.«

»Vielleicht sollten wir anfangen zu schwemmen«, sagte Pu.
»Nicht schwemmen!«, sagte I-Ah.

Es dauerte einige Minuten, bis sie alle flussabwärts gelaufen waren, der Fremde und Pu auf der einen Seite des Flusses und Ferkel und Eule auf der anderen, da sie nicht wussten, auf welche Seite I-Ah zutreiben würde. Schließlich kam er auf der Seite ans Ufer, wo Pu und der Fremde waren, und während Eule hinüberflog, um zu helfen, lief Ferkel den ganzen Weg zurück, über die Brücke und dann wieder flussabwärts zu der Stelle, wo ein patschnasser I-Ah allmählich trocknete.

»Ich nehme an, von einer Brücke zu fallen hält wohl niemand für Erfolg«, sagte I-Ah. »Ich nehme an, ich muss auch was über Erfolg lernen.«

»Also«, sagte der Fremde, »wenn wir etwas über das Erfolgsrezept lernen wollen, werde ich mir im Gasthaus im Dorf ein Zimmer nehmen, und wir können morgen anfangen. Einverstanden? Und morgen fangen wir dann mit dem ersten Schritt ›Erwählt einen Traum‹ an.«

»Ich geh nach Hause«, sagte Pu, »und ich mache ein Nickerchen und träume was. Damit ich ein paar Träume habe, die ich auswählen kann, wisst ihr.« Und das tat er auch.

KAPITEL 2

In welchem erörtert wird, wie man einen Traum auswählt, das mit den »Wies« erklärt wird, schreckliche Heffalumps erwähnt werden und Eule ein paar kluge Dinge sagt

Als der Fremde am nächsten Tag wiederkam, stellte er fest, dass sich zu Pu, Ferkel, I-Ah, Eule und Ruh noch Tieger, Känga, Kaninchen und seine Bekannten-und-Verwandten gesellt hatten. Sie hatten gehört, dass er in den Hundertsechzig-Morgen-Wald zurückgekehrt war. Pu konnte kaum erwarten, dass es losging. »Was müssen wir als Erstes machen, um ein Erfolg zu werden?«, fragte Pu den Fremden. »Ich möchte ganz vorn anfangen. Dann bin ich nicht so konfusiert.«

»Als Erstes«, sagte der Fremde mit Nachdruck, »müsst ihr euch genau überlegen, was ihr erreichen wollt. Sobald ihr das wisst, fällt es euch leichter, euren Traum, egal, welchen, zu verwirklichen.«
»Gut zu wissen«, sagte Pu. »Ich mag lieber Sachen, die einem leichter fallen, während man sie macht.« Er stockte und kratzte sich nachdenklich am Kopf. »Meiner Erfahrung nach werden die meisten Sachen immer schwerer, während man sie macht.«
Die anderen, die sich um den Fremden versammelt hatten, nickten zustimmend. Ja, I-Ah nickte sogar so heftig, dass ihm die Disteln, auf denen er gerade gekaut hatte, aus dem Mund fielen.
»Meinen Schwanz an mir zu behalten war am Anfang leicht, aber in letzter Zeit gestaltet es sich immer schwieriger«, sagte I-Ah müde. »Ein schlagender Beweis.«
»Nicht unbedingt«, sagte Eule. »Esss gibt dasss Sprichwort ›Übung macht den Meisssster‹. Damit issst gemeint, je häufiger man etwasss macht, desssto besssssser wird man darin, und desssto leichter fällt esss einem folglich, egal, wasss man in Angriff nimmt, zzzu verwirklichen. Alsss ich noch ganzzz klein war, fiel mir Fliegen nicht leicht. Doch indem ich übte und die erforderliche Rückenmussskulatur verbessssserte, konnte ich meinen heutigen Grad an Vollendung erreichen.«
Eule drehte den Kopf und blickte I-Ah an, der zu der Distel gegangen war, die er verloren hatte.
»Quod erat demonssstrativum«, sagte Eule mit Bestimmtheit. »Dasss issst Latein, wissssst ihr.«

Pu horchte auf. »Ich weiß was über Latein«, sagte er. »Jemand hat mal ein Buch über mich auf Latein geschrieben. Was immer Latein auch ist.«
Der Fremde hatte das Gefühl, dass ihm die Situation ziemlich rasch aus den Händen glitt. »Ich glaube, ich kann euch zeigen, wie ihr mit Hilfe des Schrittes ›Erwählt einen Traum‹ euren Traum leichter verwirklichen könnt. Aber zunächst einmal, kann mir einer von euch sagen, was ein Traum ist?«
»Den hat man, wenn man schläft«, sagte Ferkel, »und von einem großen, schrecklichen Heffalump gejagt wird und einfach nicht entkommen kann, egal, wie schnell man rennt, und Pu ist nicht da, um zu helfen, und Christopher Robin ist in der Schule, und das Heffalump kommt immer näher …«

Ferkel war aus der Puste und konnte nicht mehr.
»Ich hatte auch mal so einen Traum«, sagte Pu. »Aber da hat das Heffalump meinen ganzen Honig aufgegessen. Genauer gesagt, fünfhundertsiebenundachtzig Heffalumps haben meinen Honig aufgegessen.« Pu konnte nicht mehr, so sehr nahm ihn die Erinnerung an den Traum mit. »So einen Traum möchte ich nicht auswählen«, sagte er.
»Die Träume, von denen ihr beide sprecht«, sagte Eule, »sind eine Folge von Bildern, die durch den Kopf einesss schlafenden Individuumsss gehen. Irgendwie, glaube ich, issst dasss nicht die Art von Traum, die hier gemeint issst.«

»Ganz recht, Eule«, sagte der Fremde. »Ich definiere ›Traum‹ als ›kühne Hoffnung‹. Als etwas, was man unbedingt verwirklichen will, oder etwas, was man tun möchte. Möglicherweise sogar ein Beruf, den man ergreifen möchte.«

»Ich weiß noch, dass Christopher Robin immer ein Gedicht aufgesagt hat«, sagte Kaninchen. »Es ging so, glaube ich:

Seemann,
Schneider,

Kesselflicker,

Reicher, Armer,

Bauernjunge,

Dieb –

Wie wär's mit Cowboy,
Schutzmann, Schließer,
Weichensteller,
Soldat im Jeep?
Und wie wär's mit Briefträger – oder Wärter im Zoo?
Wie wär's mit Zirkusclown, der die Menschen macht froh?
Und wie wär's mit dem Schausteller, der die Schiffsschaukel schwingt,
Oder dem Orgelspieler und der Frau, die für ihn singt?
Wie wär's mit Zauberer plus Kaninchen im Hut?
Wie wär's mit Schuster, der alle Menschen beschuht?
Ach, es gibt so vieles auf Erden, was man tun kann und werden …

Ich hab das behalten«, sagte Kaninchen, »weil ich darin vorkomme.«

»Sehr gut«, sagte der Fremde. »Du und deine Verwandten – «

»Wie ich einem Zauberer helfe«, fügte Kaninchen hinzu.

»Das ist ein gutes Beispiel«, fuhr der Fremde fort. »Es gibt nämlich so vieles, was wir tun und werden können. Wir müssen uns genau überlegen, was uns am meisten Spaß machen würde. Wenn wir das dann erreichen können, sind wir erfolgreich. Aber jeder muss erst einmal definieren, was Erfolg seiner Meinung nach bedeutet. Wisst ihr, verschiedene Menschen haben oftmals verschiedene Auffassungen davon, was Erfolg ist. Was für den *einen* befriedigend ist, erfüllt nicht unbedingt die Sehnsüchte, Wünsche und Träume des anderen.«

»Mir ist nicht klar«, sagte Ferkel, »wie ich herausfinden soll, was mir am meisten Spaß macht.«

»Tja, das ist nicht einfach«, erklärte der Fremde, »und zwar schon deshalb, weil die Auswahl so groß ist. Eine Möglichkeit ist, sich zu überlegen, was man am liebsten mag, was für einen Traum man hat, ohne gleich daran zu denken, welche Stolpersteine einem da möglicherweise im Weg liegen.«

»Tieger können gut über Stolpersteine klettern«, sagte Tieger, obwohl er nicht ganz sicher war, was Stolpersteine eigentlich waren.

Pu, der durch Kaninchens Gedichtrezitation etwas abgelenkt worden war, fragte Eule: »Was hat der Fremde gesagt?«

»Er hat gesagt«, erwiderte Eule, »man solle sich für eine verlockende Ambitttion entscheiden, ohne Rücksicht auf die Ressstriktttionen der gegenwärtigen Realität.«

»Ich verstehe nicht, was das mit Addition zu tun haben soll«, sagte Pu.

»Genie. Besteht zu neunzig Prozent aus Addition«, sagte I-Ah.

Eule warf Pu einen strengen Blick zu, und als sie sah, dass er noch immer ein verwirrtes Gesicht machte, sagte sie: »Passs auf, Pu. Und du auch, I-Ah. Er hat gesagt, ihr sollt euch überlegen, wasss ihr am liebsssten mögt. Ohne euch Gedanken darüber zzzu machen, ob esss in der Praxxxisss vielleicht nicht erreichbar issst.«

»Ach so«, sagte Pu. »Da fällt mir ein, dass ich mal mit Christopher Robin darüber gesprochen habe. Wir sind im Wald spazieren gegangen und haben Folgendes geredet, wenn ich mich recht erinnere:

»Was tust du am liebsten von der ganzen Welt, Pu?«
»Tja«, sagte Pu, »was ich am liebsten tue …« Und dann musste er innehalten und nachdenken. Denn obwohl Honigessen etwas sehr Gutes *war,* was man tun konnte, gab es doch einen Augenblick, kurz bevor man anfing, den Honig zu essen, der noch besser war als das Essen, aber er wusste nicht, wie der hieß. Und dann, fand er, war Mit-Christopher-Robin-zusammen-Sein auch etwas sehr Schönes, was man tun konnte, und Ferkel-in-der-Nähe-Haben war auch etwas sehr Angenehmes, was man gut haben konnte; deshalb sagte er, nachdem er alles durchdacht hatte: »Am liebsten von der ganzen Welt mag ich, wenn ich und Ferkel dich besuchen gehen und du sagst: ›Wie wär's mit einem kleinen Imbiss?‹, und ich sage: ›Gegen einen kleinen Imbiss ist eigentlich nichts einzuwenden, oder was meinst du, Ferkel?‹, und draußen ist ein Tag, in dem irgendwie Gesumm drin ist, und die Vögel singen.«
»Das mag ich auch«, sagte Christopher Robin. […]

Der Fremde hatte aufmerksam zugehört, während Pu sprach, und als Pu fertig war, nickte er. »Das ist ein gutes Beispiel, Pu. Darin sieht man, wie man vorgehen sollte, wenn man einen Traum erwählt, den man verwirklichen möchte.«

»Ach ja?«, sagte Pu ungemein überrascht.

»Ja.« Der Fremde nickte. »Du hast dich nicht gleich für das Erste entschieden, was dir eingefallen ist. Du hast es gegen das abgewogen, was du am liebsten hättest, hast es bewertet und dann abgeändert und neu bewertet, bis es all deine Anforderungen erfüllte und dir richtig erschien.«

»Ich hab gar nicht gewusst, dass ich das alles gemacht habe«, sagte Pu langsam. »Ich glaube, ich hab bloß innegehalten und überlegt.«

»Stimmt genau, Pu«, pflichtete der Fremde ihm bei. »Aber dein Denkprozess bestand aus folgenden Schritten: Erzeugung, Betrachtung, Abwägung, Bewertung, Modifikation, Neubewertung und Entscheidung.«

»Das hört sich an wie etwas, was Eule sagen könnte«, sagte Pu. Es hört sich sehr schwierig an. Ich hab gar nicht gewusst, dass ich die vielen Dinge machen kann, die du gesagt hast.«

»Das können wir alle, und die meisten von uns tun es«, sagte der Fremde. »Wir tun sie häufig bloß vage und ganz nebenbei. Wir denken: ›Eines Tages möchte ich eine Reise machen‹, oder: ›Wäre es nicht toll, wenn ich nicht mehr in meinem Job arbeiten müsste‹, oder: ›Ich wäre gern Filmstar‹, oder: ›Ich würde gern etwas abnehmen.‹«

Pu nickte energisch, weil ihm einfiel, dass er seine Kraftübungen vernachlässigte, die er eigentlich jeden Morgen vor dem Spiegel machen müsste.

»Der Gedanke kommt uns in den Sinn«, fuhr der Fremde fort, »doch dann bleiben unsere Träume bloß Träume, weil wir sie nicht konkretisieren oder spezifizieren oder sie irgendwie umsetzen. Sie sind fleischlos, bleiben Luftschlösser. Unser Erfolgsrezept ist aber darauf angelegt, unseren Luftschlössern ein Fundament zu geben und uns den Anstoß zu geben, unsere Träume zu verwirklichen, ganz gleich, was für welche wir haben.«

»Aha«, sagte Pu, der dachte, dass das vielleicht der Grund war, warum sein Bauch nicht kleiner wurde.

Der Fremde schaute in die Runde. »Hatte einer von euch schon mal solche Träume, von denen wir gesprochen haben? Die Art von ›Ich-wünschte-dass‹-Träume?«

Es wurde still, als alle nachdachten. Dann nickten sie alle bestätigend mit dem Kopf, außer Alexander Käfer, der mit dem Kopf in einer Spalte im Waldboden steckte und deshalb mit dem anderen Ende nickte.
»Schön. Dann können wir also alle die Träume aussuchen, die wir gern verwirklichen würden. Doch vorher muss ich noch drei Dinge klarstellen. Erstens, wenn ihr eure Träume auswählt, denkt nicht darüber nach, dass sie sich vielleicht zu schwer verwirklichen lassen. Zweitens, macht euch keine Sorgen darüber, dass sie vielleicht zu ehrgeizig sind. Wir wissen erst, was wir zustande bringen, wenn wir es versuchen. Drittens, habt keine Angst, was andere von eurer Auswahl halten könnten. Es sind *eure* Träume. Ihr allein wisst, was ihr erreichen müsst, um erfolgreich zu sein.«
»Mir ist immer noch nicht klar, wie man sich entscheidet«, sagte Ferkel.
»Stimmt«, sagte Pu. »Angenommen, jemand hat zwei Träume, und beide scheinen sehr erfolgversprechend zu sein. – Das könnte ich mir ganz schön unangenehm vorstellen. Das ist, als ob man entscheiden müsste, welchen Topf Honig man isst.«
»An dem, was ihr sagt, ist durchaus was dran«, sagte der Fremde. »In so eine Lage kommen wir alle hin und wieder. Entscheidungen treffen ist oft schwierig. Ihr könnt aber einiges tun, wodurch euch die Entscheidung, welchen Traum ihr verfolgen sollt, leichter fällt. Ihr könnt zum Beispiel die Vor- und Nachteile jedes Traums auflisten. Ihr könntet sogar eine Münze ent-

scheiden lassen. Das würde ich zwar nicht unbedingt empfehlen, aber wenn ihr die Münze geworfen habt, seht ihr ja, wie es euch mit dem Ergebnis geht. Wenn ihr bei dem Ergebnis kein gutes Gefühl habt, dann ist der Traum nicht der richtige für euch. Ihr könnt auch überlegen, bei welchem Traum die Verwirklichung die längste Zeit in Anspruch nimmt, und dann den nehmen, der sich in der kürzeren Zeit verwirklichen lässt. Ihr könnt auch jemanden, der einen ähnlichen Traum verwirklicht hat, fragen, wie es ihm damit ergangen ist. Häufig hilft es bei der Entscheidungsfindung, wenn man sich eingehend informiert, was die Verwirklichung des Traumes bedeuten könnte. Das soll nicht heißen, dass ihr nicht mehrere Träume, die euch interessieren, in die Tat umsetzen könnt. Vielleicht habt ihr einen Traum von eurer Arbeit oder einen, der mit einem Hobby zu tun hat, und vielleicht noch einen weiteren, der mit einem ganz anderen Interessengebiet zusammenhängt. Wenn ihr es zeitlich hinkriegt und es im Bereich eurer Möglichkeiten liegt, könnt ihr ohne weiteres verschiedene Träume haben, wenngleich wir uns hier im Interesse unserer Diskussion auf einen einzigen Traum beschränken werden. Außerdem solltet ihr nicht vergessen, dass ihr eure Träume jederzeit anpassen und verändern könnt.
Irgendwelche Fragen?«
Der Fremde wartete, bis er sicher war, dass keiner eine Frage hatte. »So, jetzt möchte ich, dass ihr euch überlegt, wie ihr so eine Frage beantworten würdet, wie

Christopher Robin sie Pu gestellt hat. ›Was tust du am liebsten von der ganzen Welt?‹ Denkt in Ruhe drüber nach, wie eure Antwort lauten würde, genau wie Pu es getan hat. Ihr habt bis, sagen wir, morgen Zeit, dann sprechen wir darüber, wie ihr eure Träume verwirklichen könnt.«

»Einen könnt ich jetzt gleich verwirklichen«, sagte Pu, »und zwar eine Kleinigkeit zu mir nehmen, um mich auf das Nachdenken vorzubereiten, was manchmal schwierig ist, wenn es in einem rumort. Das passiert, wenn seit der letzten Kleinigkeit zu viel Zeit vergangen ist.«

»Ich denke, das Problem können wir lösen«, sagte der Fremde und wandte sich einem Picknickkorb zu, den er mitgebracht hatte. »Wir werden alle eine Kleinigkeit zu uns nehmen, dann denken wir nach, und wenn wir uns morgen treffen, erfahren wir, wie wir unsere Träume auf ein Ziel richten.«

»Wo treffen wir uns denn?«, fragte Tieger, dem einfiel, was für Schwierigkeiten sie einmal gehabt hatten, als sie vergessen hatten, einen Treffpunkt auszumachen.

»Ich kenne die perfekte Stelle«, sagte Pu, der den Hals reckte, um zu sehen, was in dem Korb war, den der Fremde mitgebracht hatte. »Wir treffen uns am Bach bei den Trittsteinen.«

»Einverstanden«, sagte der Fremde, und alle anderen stimmten zu, während sie den Korb auspackten, um eine Kleinigkeit zu essen.

KAPITEL 3

In welchem Pu und der Fremde feststecken,
jeder Ziele setzt und
Alexander Käfer eins ERZIELT

Wie er so dahin spazierte und die frühmorgendliche Sonne und die Lieder der frühmorgendlichen Vögel genoss, die nach frühmorgendlichen Würmern suchten, fragte sich Pu, ob sein Traum, sehr viel Honig zu haben, zum Beispiel zehn oder zwölf Töpfe pro Tag, in den Augen des Fremden wohl ein geeignetes Ziel wäre – oder ob er es auf fünf oder sechs Töpfe würde abändern müssen. Je mehr er darüber nachdachte, desto sicherer wurde er, dass keine umsichtige Person zehn oder zwölf Töpfe Honig pro Tag für unvernünftig halten würde, dass aber vielleicht fünf oder sechs reichen würden, zusammen mit mehren Büchsen Kondensmilch ...

Er teilte den Gedanken Ferkel mit, das ihn inzwischen eingeholt hatte und jetzt neben ihm her spazierte auf dem Weg zu ihrem Treffen mit dem Fremden, um etwas über Erfolg zu lernen.

Nachdem es einen Augenblick nachgedacht hatte, stimmte Ferkel zu, und sie gingen eine Weile schweigend weiter, während Pu sich zu entscheiden versuchte, ob zehn oder zwölf eine bessere Zahl sei, und Ferkel einfach ging.

Pu hatte sich gerade entschieden, dass fünfzehn besser als zehn oder zwölf wären und dass Kondensmilch ganz und gar nicht reichen würde, als jemand seinen Namen rief und ihn aus seiner Konzentration riss.
»Pu! Ferkel! Ach, Pu! Warte auf mich!«
Pu drehte sich um. Es war der Fremde, der sich aus der Umklammerung einer Distel zu befreien versuchte.
»Hallo! Kann ich dir helfen?«, fragte Pu höflich.
Der Fremde zog einmal ganz fest und konnte sich losreißen. »Die Gegend hier ist ganz schön unwirtlich, Pu. Wie bist du bloß auf die Trittsteine als Treffpunkt gekommen? Ich habe mich gestern Abend darüber gewundert, aber vergessen, dich zu fragen.«
»Nun«, sagte Pu und setzte sich, »du hast doch gesagt, wir würden über Erfolg und Ziele setzen sprechen, und dahin sind wir gegangen, als Christopher Robin gesagt hat, unser Ziel sei es, den Nordpohl zu entdecken.« Pu senkte bescheiden den Blick. »Und das habe ich. Nämlich den Nordpohl gefunden. Ich, meine ich.«
»Verstehe«, sagte der Fremde und nickte nachdenklich. »Das klingt sehr einleuchtend, jetzt, wo du es erklärt hast.«
»Dachte ich mir«, sagte Pu.
In diesem Augenblick raschelten die Büsche hinter einem großen Baum, und I-Ah trat hervor.
»Hallo, I-Ah«, sagten Pu und Ferkel gleichzeitig.
»Guten Morgen, I-Ah«, sagte der Fremde.
»Wird wohl«, sagte I-Ah. »Obwohl er viel besser wäre, wenn man gefrühstückt hätte.«

»Hier ist eine sehr schöne Distel, von der der Fremde gerade angegriffen worden ist. Vielleicht könnte die ja dein fehlendes Frühstück ersetzen«, sagte Pu und ging zu der Distel, um sie I-Ah zu zeigen, stolperte und fiel selbst hinein.
I-Ah und der Fremde halfen Pu, sich zu befreien. »Disteln sind ein besseres Frühstück, wenn vorher keiner auf ihnen herumtrampelt«, sagte I-Ah düster. »Aber Disteln, auf denen jemand herumgetrampelt hat, sind wohl immer noch besser als gar keine.«
Während I-Ah vor sich hin kaute, entfernten der Fremde und Pu Stacheln von Stellen, die schwer zu erreichen waren. Dann halfen sie sich gegenseitig bei Stacheln an Stellen, die unmöglich zu erreichen waren. Es sei denn, man hatte Hilfe, was bei ihnen zum Glück der Fall war. Schließlich waren sie fertig und folgten dann dem Bach zum Treffpunkt.
Endlich kamen sie zu den Trittsteinen, ohne auch nur einmal auszurutschen und in den Bach zu fallen. Die anderen warteten bereits, sogar Känga, Ruh, Kaninchen und ein paar von seinen Bekannten-und-Verwandten.

Nachdem alle »Hallos« und »Guten-Morgens« gesagt worden waren und I-Ah mit seiner Distel fertig war, setzten sich alle in einen Halbkreis. Das heißt, alle bis auf Tieger, der ungestüm herumsprang, um sich einen Sitzplatz auszusuchen. Der Fremde stand mit dem Rücken zum Bach und den Steinen, über die das Wasser plätscherte. Schließlich entschied Tieger, sich neben Ferkel zu quetschen, woraufhin Ferkel sich wünschte, er hätte sich einen anderen Platz ausgesucht. Ferkel erwog, sich neben Pu zu setzen, doch da hatte der Fremde schon angefangen zu sprechen, so dass es nur möglichst weit von Tieger abrückte, um vor einem möglichen jähen, unausweichlichen, ungestümen Sprung in Sicherheit zu sein.

»Heute sprechen wir darüber, wie man ›seinen Traum auf ein Ziel richtet‹«, sagte der Fremde. »Kann mir jemand sagen, was ein Ziel ist?«

»Honig«, sagte Pu entschieden. »Jede Menge davon zu haben, meine ich.«

»Heffalumps«, sagte Ferkel. »Ihnen nicht zu begegnen. Im Dunkeln, meine ich.«

»Beides könnten Ziele oder auch Träume sein«, sagte der Fremde, »aber ich meinte eine Definition des Wortes ›Ziel‹.«

Alle blickten Eule an, die so was am besten konnte, wenn man Christopher Robin mal außer Acht ließ, was man tun musste, weil er ja nicht da war.

»Ein Zzziel issst dasss Ergebnisss oder eine Leissstung, auf die man sein Bemühen richtet. Oder«, fuhr Eule

fort, »dasss durch eine Linie markierte Ende bestimmter Wettkampfstrecken.« Eule musterte den Fremden, zutiefst beeindruckt von sich selbst. »Irgendwie glaube ich, die erssste Definitttion ist dir lieber.«
»Ganz genau, Eule. Deine Definition des Ziels als Ergebnis oder Leistung, auf die man sein Bemühen richtet, ist einfach ideal für unser Vorhaben, etwas über das Setzen von Zielen zu lernen und über die Rolle, die dieser Prozess beim Streben nach Erfolg und bei dessen Erreichen spielen sollte.«
»Warum?«, fragte Ruh, das genau in dem Alter war, in dem es das bei fast allem fragte.
»Ach, Ruh«, sagte Känga. »Ich bin sicher, der Fremde wird es uns gleich sagen.
»Warum setzen wir uns Ziele?«, wiederholte Ruh, entzückt, dass es mal jemand Neues fragen konnte. Manche der Waldbewohner wurden nach der elfundsiebzigsten Wiederholung von ›warum‹ ungeduldig.
Gleichzeitig sagte Pu: »Wie setzt man ein Ziel?«
»Das sind beides gute Fragen. Mal sehen, ob ich sie beantworten kann.« Der Fremde kratzte sich am Kopf, dachte einen Moment nach und sagte dann: »Wir setzen uns Ziele, weil wir so die beste Chance haben, das zu

erreichen, was wir uns ›wirklich‹ für unser Leben und beruflich wünschen. Jeder hat schließlich Dinge, die er mag, und Dinge, die er nicht mag.«

»Tieger mögen keinen Honig, aber sie mögen Malzextrakt«, warf Tieger ein.

»Genau«, sagte der Fremde. »Es geht darum, mehr davon zu kriegen, was man mag, und weniger davon, was man nicht mag.«

»Wie Honig«, sagte Pu träumerisch, fast sicher, dass es Zeit für ein kleines Frühstück sein musste.

»Häufig denkt man wenig über das Setzen von Zielen nach. Sie kommen einem einfach so in den Sinn, und manchmal nimmt man sie in Angriff und manchmal nicht. Wenn ihr euch nicht selbst Ziele setzt, kann es sein, dass ihr Sachen macht, die euch nicht begeistern, die euch im Grunde nicht wichtig sind und die nicht dazu beitragen, dass ihr nach Erfolg strebt und ihn erreicht. Dann merkt ihr, dass ihr keine Fortschritte macht, auf der Stelle tretet, umhertreibt wie ein führerloses Boot auf dem Wasser.«

»Ich bin mal umhergetrieben, als ich bei einer Überschwemmung völlig von Wasser umgeben war«, sagte Pu. »Das war wirklich nicht sehr schön.«

»An das Abenteuer kann ich mich erinnern«, sagte der Fremde. »Ich meinte aber, dass ihr keine Fortschritte dabei macht, das zu erreichen, was ihr wollt und braucht.«
»Ach so«, sagte Pu. »Ich dachte, du hättest es so gemeint wie ich.«
»Wenn ihr keine Ziele habt«, fuhr der Fremde fort, »könnt ihr erstens nicht das erreichen, was ihr wollt, und zweitens ist auch noch sehr wahrscheinlich, dass Ziele für euch bestimmt werden. Es sind Ziele, die ihr eigentlich gar nicht wollt und die andere für euch setzen, zum Beispiel eure Eltern, euer Chef, eure Partner, euer Land oder eure Regierung, eure Gesellschaft oder Kultur und so weiter. Wenn andere für euch Ziele setzen, hat das einige Nachteile, zum Beispiel, dass ihr vielleicht gar nicht richtig daran interessiert seid, diese Ziele zu erreichen. Es kann sogar sein, dass ihr nicht mal merkt, dass andere für euch ein Ziel gesetzt haben. Und das kann damit enden, dass ihr diejenigen enttäuscht, die das Ziel gesetzt haben. Kennt jemand ein Beispiel, wann das schon mal passiert ist?«
»Das ist passiert, als wir das Ziel hatten, Tieger gestüm zu machen«, sagte Kaninchen.
»Erzähl mal.«
»Also«, sagte Kaninchen, »wir hatten uns verirrt – und Tieger verloren – im Nebel oben im Wald.«

> Als Tieger damit fertig war, darauf zu warten, dass die anderen ihn einholten, und als die an-

deren ihn nicht eingeholt hatten und als er es satt hatte, dass er zu niemandem sagen konnte: »Los, kommt schon!«, fand er, er könne auch genauso gut nach Hause gehen. So trabte er davon und das Erste, was Känga zu ihm sagte, als sie ihn sah, war: »So ein braver Tieger. Du kommst gerade rechtzeitig, um deine Stärkungsmedizin zu nehmen«, und sie goss ihm einen Löffel voll. Ruh sagte stolz: »Meine hab ich schon genommen«, und Tieger schluckte seine herunter und sagte: »Ich auch«, und dann schubsten sich die beiden freundlich durch das Zimmer, und Tieger warf aus Versehen einen bis zwei Stühle um, und Ruh warf einen mit Absicht um, und Känga sagte: »Dann lauft mal los.«
»Wo sollen wir hinlaufen?«, fragte Ruh.
»Ihr könnt ein paar Tannenzapfen für mich sammeln«, sagte Känga und gab ihnen einen Korb. Also gingen sie zu den Sechs Tannen und bewarfen sich mit Tannenzapfen, bis sie vergessen hatten, weshalb sie hergekommmen waren, und ließen den Korb unter den Bäumen stehen und gingen zum Abendessen nach Hause.

Kaninchen war fertig, und Ruh blickte nervös in die Runde, um zu sehen, ob irgendwer es ihm krumm nahm, dass es das Ziel, Tannenzapfen für Känga zu sammeln, nicht vollendet hatte, obwohl es da ja noch gar nicht gewusst hatte, was ein Ziel ist.

Der Fremde merkte, dass Ruh das dachte, und beruhigte es. »Das ist ein gutes Beispiel, Kaninchen. Wenn andere Ziele für uns setzen, ist es schwierig, sie so ernst zu nehmen wie die, die wir uns selbst setzen. Genau aus diesem Grund sollten wir uns selbst Ziele setzen. Denn so haben wir die beste Chance, das zu erreichen, was wir wirklich wollen. Beantwortet das deine Frage, Ruh?«

Ruh nickte rasch, weil alle zu ihm herübersahen, was nicht mehr passiert war seit damals, als es in den Bach gefallen war.

»Hat jeder verstanden, warum wir uns Ziele setzen?«, fragte der Fremde und blickte in die Halbrunde.

Alle nickten, sogar Alexander Käfer.

»Schön«, sagte der Fremde weiter. »So, jetzt erkläre ich euch das ›Wie‹ des Ziele-Setzens. Im Grunde ist das ganz einfach. Wir alle haben Träume, die wir als Ziele formulieren. Die meisten von uns setzen sich das ganze Leben lang Ziele, auch wenn wir das vielleicht nicht genauso bezeichnen würden.

Ziele, die manche sich setzen, sind zum Beispiel:

Bei der nächsten Klassenarbeit
eine gute Note bekommen.
Das nächste Spiel gewinnen.
Eine Gehaltserhöhung bekommen.
Beruflich etwas anderes machen.
Fünf Pfund abnehmen.
Die Kinder studieren lassen.

Einen Oldtimer restaurieren.
Das Studium abschließen.
Frühzeitig in den Ruhestand gehen.
Sich weiterbilden.
Sich selbstständig machen.
Weite Reisen machen.
Sich sozial engagieren.«

Der Fremde hielt inne. »Die Liste ließe sich endlos fortsetzen. Kann uns einer von euch ein Beispiel für einen Traum nennen, den er gern in ein Ziel umwandeln würde?«
»Jede Menge Honig haben«, sagte Pu rasch, weil er hoffte, der Fremde würde darauf kommen, dass es nicht nur wirklich Zeit für das Mittagessen, sondern auch allerhöchste Zeit für eine Kleinigkeit war, so dass sie an das Mittagessen gleich noch eine Kleinigkeit anhängen sollten. Nur der Fairness halber. »Immer.«
»Gut in der Öffentlichkeit reden können«, sagte Alexander Käfer, aber niemand hörte ihn oder achtete auf ihn, was ihn so verlegen machte, dass er sich mit dem Kopf unter einer Distel versteckte, bis er sich davon erholt hatte.

»Keinem schrecklichen Heffalump begegnen, wenn ich ganz allein bin«, sagte Ferkel.
»Besser schwimmen können«, piepste Ruh.
»Disteln haben, die näher an meinem Haus wachsen«, sagte I-Ah. »Das ist zwar kein berauschendes Ziel, aber was will man machen.«
»Besser ungestüm sein können«, sagte Tieger.
Ferkel schauderte.
»Ich glaube, ich möchte mein Ziel abändern«, sagte Ferkel. »Wenn das geht.«
»Natürlich, Ferkel«, sagte der Fremde. »Ziele sollten nicht in Beton gegossen oder in Stein gemeißelt sein.«
»Oder in Felsen!«, rief Ferkel, dem die Ohren vor Aufregung zuckten.
»Wir sollten sie erst nach sorgfältigem Nachdenken auswählen«, fuhr der Fremde fort, »doch dann sollten wir sie in regelmäßigen Abständen erneut daraufhin überprüfen, ob sie noch immer unseren Vorstellungen entsprechen. Wir alle verändern uns im Laufe der Zeit und in dem Maße, wie sich unsere Lebensumstände verändern. Wenn wir feststellen, dass die Ziele unserer aktuellen Situation nicht mehr angemessen sind, müssen wir sie ändern. Zum Beispiel dein Ziel, Ferkel, keinem Heffalump zu begegnen, wenn du ganz allein bist, hat keine große Bedeutung mehr für dich, wenn du dir schließlich einen Plan überlegt hast, wie du mit der Situation fertig wirst. Dann solltest du entweder das Ziel ändern oder dir ein neues Ziel setzen.«

»Danke«, sagte Ferkel. »Ich meine nicht, dass das Ziel nicht mehr angedingsbums ist, ich meine, dass ich dem Ziel noch was hinzufügen möchte. Ich will nicht nur keinem Heffalump begegnen, wenn ich ganz allein bin, ich möchte außerdem nicht ungestüm geschubst oder angesprungen werden, wenn ich nicht damit rechne.« Ferkel blickte Tieger streng an, der das aber offenbar nicht bemerkte.

»Ich würde gern die Enzzzyklopädie zzzu Ende lesen«, sagte Eule. »Die Bsss hab ich schon ganzzz durch.«

»So«, sagte der Fremde. »Das sind alles sehr gute Träume. Denkt über diejenigen nach, die ihr genannt habt, und über die, die ich aufgelistet habe. Fällt euch irgendwas ein, wie wir sie in Kategorien einordnen können?«

Es wurde so still, dass nur das Plätschern und Gurgeln des Baches zu hören war, der über und um die Felsen in seinem Bett floss.

Dann ergriff Eule das Wort. »Wenn wir bedenken, dassssss Zzziele sich in Kategorien klassssssifizzzieren lassssssen, so könnten wir willkürlich spezzzifizzzieren, dassssss die Zzzeit, die für dasss Erreichen desss Zzzielesss erforderlich issst, ein relevantesss Charakterissstikum issst, und zzzwar insofern, alsss einige von denen, die genannt worden sind, zzzur Verwirklichung ein beträchtlichesss Maßßß an Zzzeit in Anspruch nehmen, während esss bei anderen ungemein zzzügig vonstatten geht.«

»Ausgezeichnet, Eule! Das stimmt genau.«

Ferkel beugte sich zu Kaninchen hinüber, das sich gemeinhin mit Sachen auskannte, und flüsterte: »Was hat Eule gesagt?«

Kaninchen überlegte einen Moment. »Sie hat gesagt, dass sich manche Ziele rasch verwirklichen lassen und es bei manchen lange dauert.«
»Dachte ich mir«, sagte Ferkel. »Danke, Kaninchen.«
Der Fremde fuhr fort: »Also, es ist hilfreich, Ziele entweder als kurzfristig oder langfristig zu kategorisieren, indem ihr persönlich einschätzt, wie lange es dauert, sie zu verwirklichen. Wenn ihr meint, die Verwirklichung eines Zieles dauert sechs Monate oder weniger, dann ist es ein kurzfristiges Ziel. Wenn es mehr Zeit in Anspruch nimmt, ist es ein langfristiges Ziel. Manche Ziele lassen sich erst nach Jahren verwirklichen. Für andere braucht man mitunter sein ganzes Leben. Der Abschluss eines Studiums ist ein langfristiges Ziel.«

Pu dachte, dass er hoffte, Honig zu bekommen sei ein kurzfristiges Ziel. »Ich glaube, ich hab immer noch nicht ganz verstanden, wie das ›Wie‹ beim Ziele-Setzen geht.«

»Wenn wir einen Traum in ein Ziel verwandeln wollen«, sagte der Fremde, »müssen wir den Traum spezifizieren, konkretisieren und definieren. Ich will das an einem Beispiel verdeutlichen.

Angenommen, jemand hat den Traum, ein toller Schauspieler zu werden. Wenn er den Traum auf ein Ziel richtet, muss er sich entscheiden, was für ein Schauspieler er werden will. Sagen wir, er möchte Theaterschauspieler werden. Als Nächstes muss er sich kundig machen, was er für Voraussetzungen braucht, um Theaterschauspieler zu werden. Wenn er Schauspieler befragt und Bücher liest und sich noch anderswo informiert, erfährt er zum Beispiel, dass eine kräftige Stimme erforderlich ist oder dass er, anders ausgedrückt, in der Lage sein sollte, gut vor Menschen zu sprechen.«

Alexander Käfer zog rasch das Köpfchen aus der Erde und stellte sich auf die Hinterbeine, damit er den Fremden über die Köpfe von Kaninchens anderen Bekannten-und-Verwandten hinweg besser sehen konnte.

»Je mehr Erkundigungen er einholt, desto größer sein Wissen, welche Voraussetzungen er noch erfüllen muss, um sein Ziel zu erreichen. Dass er zum Beispiel in der Lage sein sollte, den Text eines Theaterstücks auswendig zu lernen, dass er sich mit der Geschichte des Theaters auskennen muss, dass er eine Schauspielschule besuchen sollte, wo er tanzen und singen und so weiter lernt.

Der Traum, Schauspieler zu werden, führt also zu dem Ziel, Theaterschauspieler zu werden, die Unterziele sind eine kräftige und geschulte Sprechstimme, ein ausgezeichnetes Gedächtnis, der erfolgreiche Besuch einer Schauspielschule, um gut singen und tanzen und was sonst noch alles wichtig ist zu erlernen.

Ihr seht, dass der Traum Substanz bekommen hat. Der Traum ist nun ein Ziel, und es sind auch Unterziele gesteckt worden. Jetzt kann mit der Arbeit an dem zweiten Teil von Eules Definition begonnen werden: die Entscheidung, wie die Bemühungen darauf gerichtet werden, das Ziel und die Unterziele zu erreichen. Man könnte durchaus mit einem der Unterziele anfangen, sagen wir, durch Atem- und Stimmübungen eine kräftige und geschulte Stimme zu entwickeln.«

»Hurra!«, rief Alexander Käfer. Und er fing an, tief Luft zu holen, um seine Atmung zu trainieren.

»Was war denn das?«, fragte I-Ah und legte den Kopf schief. »Ich dachte, ich hätte was gehört. Egal. Ich täusche mich oft«, sagte er düster.

»Nein«, sagte Pu. »Ich hab auch ganz deutlich was gehört.«
»Ich auch«, sagte Ferkel, das in die Richtung blickte, aus der es meinte, dass das Geräusch gekommen war.
»Ziele setzen klappt!«, rief Alexander, der vor lauter Zufriedenheit mit sich einen Purzelbaum schlug und gegen eine Distel stieß.
»Da«, sagte I-Ah, »ich hab schon wieder was gehört. Ich glaube, ich hatte doch Recht.«
»Ich glaube, jetzt verstehe ich, wie man Ziele setzt«, sagte Pu, »aber wie erreiche ich sie?«
»Der nächste Schritt besteht darin zu lernen, wie man einen Plan entwirft und ihn ausführt. Das lernen wir, wenn wir uns das nächste Mal treffen; für heute haben wir genug Stoff behandelt. Aber bevor wir Schluss machen, wollen wir noch einmal die wichtigsten Punkte zusammenfassen.
Vergesst nicht, dass ihr durch das Setzen eigener Ziele die beste Möglichkeit habt, aus eurem Leben und eurer Arbeit das zu machen, was ihr ›wirklich‹ wollt. Wenn ihr euch keine eigenen Ziele setzt, tut das vielleicht jemand anders für euch, und es kann sein, dass diese Ziele nicht euren Wünschen entsprechen.

So, jetzt werde ich euch sieben Punkte nennen, die ihr beim Setzen von Zielen beherzigen solltet.«
Kaninchen holte rasch ein Blatt Papier hervor und schrieb fleißig mit, was der Fremde sagte.

Ergreift eure Möglichkeiten beim Schopfe. Wir alle können so gut wie alles erreichen, wenn wir bereit sind, uns richtig dafür einzusetzen. Wir können unser Schicksal weit besser lenken, als uns vielleicht klar ist oder als wir es in der Vergangenheit getan haben.

Richtet eure Ziele mit Bedacht auf das, was *ihr* erreichen wollt, und ihr werdet es erreichen.

Ziele sollten lang- und kurzfristig gewählt werden. Wenn ihr sie erreicht habt, steckt euch neue.

Ideal sind wirklich ehrgeizige Ziele. Falls sie euch einschüchtern, weil sie euch zu groß oder zu zeitaufwändig erscheinen, zergliedert sie in Unterziele, die leichter zu erreichen sind und die euch die Einsicht ermöglichen, dass ihr auf dem Weg zum endgültigen Ziel Fortschritte macht. Belohnt euch nach dem Erreichen eines jeden Unterziels.

Erfolg zu haben verlangt konkrete Ziele. Steckt euch präzise Ziele und schreibt sie euch auf.

Langfristige Ziele haben einen hohen Stellenwert. Vernachlässigt sie nicht zu Gunsten von kurzfristigen Zielen, die euch vielleicht leichter erreichbar erscheinen. Es ist besonders befriedigend, langfristige Ziele zu erreichen. Wenn ihr nur an kurzfristigen Zielen arbeitet, werdet ihr die langfristigen Ziele niemals verwirklichen.

Trotzt allen Konflikten zwischen euren jeweiligen Zielen. Konflikte sind das Natürlichste von der Welt, und ihr könnt sie lösen, indem ihr Prioritäten setzt, eure Ziele überdenkt oder den Konflikt als Problem betrachtet und die Problemlösungsmethoden anwendet.

»Lest *Pu it yourself*«, schlug Pu vor.

»Genau, Pu«, sagte der Fremde. »Ich hab vergessen, das zu erwähnen. Danke. Beim nächsten Mal, wie gesagt, sprechen wir dann darüber, wie wir Pläne erstellen, mit denen wir unsere Ziele erreichen können.«

»Da steht ja E-R-Z-I-E-L-T«, sagte Kaninchen, das auf das Blatt Papier in seinen Pfoten blickte.

»Wo?«, fragte Ferkel, das an den Tagen, als Lesen dran war, nicht mit Christopher Robin zur Schule gegangen war.

»Ich hab die sieben Punkte aufgeschrieben, die der Fremde genannt hat und die wir uns fürs Ziele-Setzen merken sollen, und gerade habe ich gesehen, dass die ersten Buchstaben von den sieben Punkten ›erzielt‹ ergeben, was wir dank des Ziele-Setzens irgendwann sagen können.«

»Na, toll!«, sagte Ferkel. »Noch ein Akro … Akrodingsbums …, das uns hilft, alles zu behalten.«

»Akronym«, sagte Pu, der sich große Mühe gegeben hatte, sich das Wort zu merken.

»Sehr scharfsinnig von dir, Kaninchen«, sagte der Fremde. »Ich werde das für meine Arbeit verwenden, wenn ich darf.«

»Klar«, sagte Kaninchen.

»Ich schlage vor, wir treffen uns« – der Fremde dachte kurz nach – »nächsten Donnerstag wieder, um dann etwas über Pläne zu lernen. Wir haben heute sehr viel Stoff geschafft, und bis nächste Woche haben wir Zeit, das alles zu verdauen. Passt euch der Termin?«

Während alle darüber nachdachten und schließlich Ja sagten, packte der Fremde seinen Rucksack aus und förderte die Lieblingsspeisen aller Anwesenden in Hülle und Fülle zutage.

»Tja«, sagte Pu, »damit wäre ein kurzfristiges Ziel erreicht. Das hier reicht für eine Kleinigkeit und das Mittagessen zusammen, und es bleibt noch was für eine kleine Erfrischung übrig.«

KAPITEL 4

In welchem Ferkel eine Entdeckung macht, ein Plan entworfen wird und I-Ah eine Überraschung erlebt

Der Fremde kam genau pünktlich an und sah Pu ganz allein auf einem Stein mitten im Bach sitzen und ein Gesumm vor sich hin summen.

»Hallo, Pu!«, sagte der Fremde. »Schön, dich zu sehen.«

»Hallo!«, sagte Pu und sprang so schnell auf, dass er fast ins Wasser gefallen wäre.

»Kommen die anderen nicht?«, fragte der Fremde.

»Tieger war eben noch hier«, sagte Pu, »aber ich glaube, er ist einen Schmetterling jagen gegangen. Er müsste gleich wieder zurück sein. Eule hat gesagt, sie kommt, und ich glaube, Ferkel kommt auch.«

»Ein wirklich wunderschöner Tag«, sagte der Fremde und bewunderte die idyllische Gegend.

»Ja, stimmt«, sagte Pu. »Worüber sprechen wir heute?«

»Heute sprechen wir darüber, wie man einen Plan aufstellt«, sagte der Fremde.

Pu kratzte sich am Kopf. »Ich weiß, ich bin ein Bär von sehr geringem Verstand, aber haben wir nicht schon alles über Pläne gelernt? Aktionspläne? Als wir Probleme gelöst haben?«

»Völlig richtig, Pu!«, sagte der Fremde. »Du hast mehr Verstand, als du dir selbst zugestehst. Wir haben tatsächlich über Aktionspläne gesprochen, als wir Lösungen für Probleme angewendet haben. Und die Pläne, über die wir heute sprechen wollen, sind genau die gleichen wie damals.«

»Warum müssen wir dann noch mal drüber sprechen? Wo es doch so ein schöner Tag ist und so und man so viel tun könnte«, sagte Pu, der den Bach rauf und runter blickte und hoffte, die anderen würden kommen und ihm beipflichten. Nicht, dass es ihm keinen Spaß machte, mit dem Fremden zu sprechen, aber es war nun mal wirklich ein wunderschöner Tag, und man konnte so vieles machen. Zum Beispiel ein Stück flussabwärts Steinchen hüpfen lassen, an der Stelle, wo sie bis ans andere Ufer hinüberhüpften, wenn man sie genau richtig warf. Und vielleicht ein bisschen Pu-Stöcke spielen. Und es waren wirklich genug Wolken da, um sich Sachen vorzustellen.

»Wenn ich mich recht erinnere«, sagte der Fremde, »haben wir nur kurz über Aktionspläne gesprochen. Nur so viel, um unsere Lösungen anwenden und Probleme lösen zu können. Da Pläne ein sehr wichtiger Teil des Erfolgsrezeptes sind, müssen wir sie heute ein wenig ausführlicher behandeln.«

»Ach, wie schön wäre es, wenn etwas Aufregendes passieren würde«, sagte Pu vor allem zu sich selbst.

»Weißt du noch«, fragte der Fremde, »wie wir am Anfang darüber gesprochen haben, dass jeder so gut wie alles schaffen kann, wenn er es richtig anstellt? Und dass wir am Anfang einen Traum ausgewählt haben, damit wir wissen, wohin wir wollen? Und dann haben wir darüber gesprochen, unseren Traum auf ein Ziel zu richten und dass das ein wichtiger Schritt ist. Nun, sobald wir uns ein Ziel gesteckt haben – «

»Ich glaube, mein neues Ziel ist Steinchen hüpfen lassen«, sagte Pu, der sehnsüchtig flussabwärts zu der Steinchen-hüpfen-Stelle blickte.

» – müssen wir gleich als Nächstes einen Plan anfertigen, der uns dem Ziel näher bringt. Wenn du dich erinnerst, haben wir gesagt, ein Ziel ist etwas, wo man hin will – «

»Oder vielleicht ist mein Ziel die Pu-Stöcke-Brücke?«, sagte Pu.

» – und dass man kein Ziel *machen* kann. Ein Plan ist sozusagen unsere Straßenkarte. Er ist eine Liste der Dinge, die wir machen müssen, in der richtigen Reihenfolge, um von dort, wo wir jetzt sind, dahin zu gelangen, wo wir sein möchten.«

»Ich möchte zwischen den Blumen auf dem Rücken liegen und in die Wolken kucken«, seufzte Pu.

»Ein Plan ist eine Liste mit Dingen, die zu tun sind«, fuhr der Fremde fort.

»Ich wünschte, es gäbe was Aufregendes zu tun«, sagte Pu.

Genau in diesem Augenblick ertönte ein lautes Krachen, und Tieger, vor dem ein leuchtend orange-gelber Schmetterling herflog, brach durch das Gestrüpp neben dem Bach und kam mit einem Plumps vor dem Fremden und Pu zum Stehen.

Pu wollte Tieger gerade fragen, was er mache, und der Fremde wollte gerade Hallo sagen, als sie alle drei eine leise, quiekende Stimme rufen hörten, die näher kam. »Oh! Oh! Pu! Oh, Hilfe, Pu!«

Ferkel kam schnaufend an, und es dauerte ein Weilchen, bis es wieder zu Atem gekommen war. Also warteten der Fremde und Pu und Tieger geduldig, bis Ferkel sich allmählich wieder im Griff hatte.

»Ich bin ja so froh … schnauf … ich hab gedacht … schnauf … und dann hab ich gesehen … schnauf … und dann fiel's mir wieder ein … schnauf … also bin ich gerannt … schnauf … großes Problem … schnauf …«, und so weiter, bis sie Ferkel so weit beruhigt hatten, dass es sprechen konnte.

»Pu, weißt du, was heute für ein Tag ist?«, fragte Ferkel.

»Heute ist Dienstag!«, rief Tieger, der jetzt vor lauter Begeisterung ungestüm auf und ab sprang. Ferkel wich

zur Seite und ging zu dem Fremden, weil es nicht ungestüm gestoßen werden wollte.
»Und nicht nur *irgendein* Dienstag«, sagte Ferkel. »Es ist der Dienstag, der auch I-Ahs Geburtstag ist!«
»I-Ahs Geburtstag?«, fragte Pu.
»Ja!«, sagte Ferkel. »Ich hab I-Ah auf dem Weg hierher getroffen – «
»Getroffen? Hat er sich wehgetan?«, fragte Tieger.
» – und ihr wisst ja, wie traurig er ist, vor allem an seinem Geburtstag«, fuhr Ferkel fort, »und er hat gesagt, heute sei ein ganz besonderer Tag für ihn, einer, der nur einmal im Jahr ist, aber dass es ohnehin keinem was ausmachen würde, ihr wisst ja, wie er sein kann, und dass er eigentlich nichts erwarte, außer dass es eine nette Abwechslung wäre, wenn es regnen würde, und dass er es nicht mal von irgendwem erwarten würde, dass er dran denkt oder so, denn schließlich ist er ja bloß ein Esel.«
»Was hast du geantwortet, Ferkel?«, fragte Pu.
»Was hätte ich schon sagen können?«, erwiderte Ferkel. »Ich hab gesagt, dass ich auf dem Weg zu euch sei und dass die anderen bestimmt auch unterwegs zu euch seien, weil sie ja nicht bei uns waren und irgendwo sein mussten, und weil es ein besonderer Tag für I-Ah sei, sei dieses Irgendwo so gut wie jedes andere. Ach, was sollen wir bloß tun, Pu? Weißt du noch, wie traurig er das letzte Mal war, als das passiert ist?«
Pu sagte, das wisse er noch ganz genau, und dann erzählte er die Geschichte, wie er einmal I-Ah im Wald getroffen hatte ...

I-Ah, der alte graue Esel, stand am Bach und betrachtete sich im Wasser.
»Ein Bild des Jammers«, sagte er. »Genau. Ein Bild des Jammers.« Er drehte sich um und ging langsam zwanzig Meter am Bach entlang, durchquerte ihn platschend und ging langsam auf der anderen Seite wieder zurück. Dann betrachtete er sich wieder im Wasser.
»Wie ich mir gedacht hatte«, sagte er. »Von *dieser* Seite auch nicht besser. Aber das stört niemanden. Es macht keinem was aus. Ein Bild des Jammers, aber genau.«
Es raschelte im Farn hinter ihm und heraus kam Pu.
»Guten Morgen, I-Ah«, sagte Pu.
»Guten Morgen, Pu Bär«, sagte I-Ah düster. »Falls es ein guter Morgen *ist*«, sagte er. »Was ich bezweifle«, sagte er.
»Warum, was ist denn los?«
»Nichts, Pu Bär, nichts. Nicht jeder kann es und mancher lässt es ganz. Das ist der ganze Witz.«
»Nicht jeder kann *was*?«, sagte Pu und rieb sich die Nase.
»Frohsinn. Gesang und Tanz. Ringel, Ringel, Rosen. Darf ich bitten, mein Fräulein.«
»Aha!«, sagte Pu. [...] »Du kommst mir so traurig vor, I-Ah.«
»Traurig? Warum sollte ich traurig sein? Ich habe Geburtstag. Der glücklichste Tag des Jahres.«

»Du hast Geburtstag?«, sagte Pu bass erstaunt.
»Natürlich. Sieht man das nicht? Kuck dir doch mal meine vielen Geschenke an.« Er winkte mit einem Fuß von hier nach da. »Kuck dir meinen Geburtstagskuchen an. Kerzen und rosa Zucker.«
Pu kuckte – erst nach rechts und dann nach links. »Geschenke?«, sagte Pu. »Geburtstagskuchen?«, sagte Pu. *»Wo?«*
»Kannst du sie nicht sehen?«
»Nein«, sagte Pu.
»Ich auch nicht«, sagte I-Ah. »Kleiner Scherz«, erläuterte er. »Ha, ha!«
Pu kratzte sich am Kopf, denn all dies verwirrte ihn etwas. »Aber hast du wirklich Geburtstag?«, fragte er.
»Ja.«
»Oh! Ja, dann herzliche Glückwünsche zum Geburtstag, I-Ah!« [...]
»Es ist schon schlimm genug«, sagte I-Ah und brach fast zusammen, »wenn ich mich elend fühle, mit keinen Geschenken und keinem Kuchen und keinen Kerzen, und keiner nimmt richtig von mir Notiz, aber wenn sich alle anderen auch elend fühlen ...«
Dies war zu viel für Pu. »Bleib, wo du bist!«, rief er I-Ah zu, als er kehrtmachte und so schnell wie möglich nach Hause eilte; denn er spürte, dass er dem armen I-Ah sofort *irgend*ein Geschenk be-

sorgen musste, und danach konnte er sich immer noch ein angemessenes Geschenk überlegen.

»Wir werden I-Ah aufmuntern«, sagte Pu. »Wir werden seinen Geburtstag noch prächtiger feiern als bisher. Einverstanden?«
Tieger und Ferkel nickten. Der Fremde nickte auch.
»Also, was sollen wir machen?«, fragte Pu.
»Aha!«, sagte der Fremde. Keines der Tiere hatte in dem Moment ein Aha! erwartet, schon gar nicht von dem Fremden. Und es war auch nicht die Sorte Aha!, mit dem man schreckliche Heffalumps fing, dachte Ferkel, also musste es etwas noch Wichtigeres sein.
»Vielleicht kann ich helfen«, sagte der Fremde. »Ihr habt euch eben ein Ziel gesetzt, und zwar eine Geburtstagsparty für I-Ah vorzubereiten, und während wir das tun, können wir etwas über Pläne lernen. Ja, wir können sogar diese Geburtstagsparty mit I-Ahs anderem Geburtstag vergleichen und dann sehen, ob wir erfolgreich sind.«
»Oh! Oh! Kann ich helfen?«, fragte Ferkel.
»Ich auch! Ich auch!«, rief Tieger und sprang voller Ungestüm aufgeregt herum und hätte Ferkel beinahe umgeworfen.
»Sag uns, was wir wissen müssen«, sagte Pu, »damit wir anfangen können.«
»Sobald wir unser Ziel haben«, sagte der Fremde, »müssen wir es in einzelne Schritte aufteilen. Und jeder Schritt sollte einfach und unkompliziert sein, damit wir die drei Elemente jedes Schritts erkennen können.«

»Hat er gerade Heffalumps gesagt?«, fragte Ferkel Pu mit äußerst besorgtem Blick.
»Die drei Teile bei jedem Schritt sind …«, fuhr der Fremde fort.
»Ich glaub nicht«, sagte Pu.
»Was. Wer. Und wann.«
»Das sind drei von den sechs Ws!«, rief Pu. »Ich erinnere mich!«
»Stimmt genau, Pu«, sagte der Fremde. »Aber anders als damals, als wir mit ihrer Hilfe Fragen gestellt haben, helfen sie uns jetzt, die Schritte unseres Plans zu entwerfen. Das ›Was‹ steht für ›Was soll getan werden?‹, das ›Wer‹ bedeutet ›Wer wird es tun?‹ Und das ›Wann‹ findet sich in ›Wann wird es getan?‹«
»Kommt ›Wer‹ nicht an erster Stelle?«, fragte Ferkel.

»Wie bitte?«, sagte der Fremde.
»Hab ich mal irgendwo gehört … Schon gut«, sagte Ferkel.
»Ich glaube, Ferkel wollte fragen, in welcher Reihenfolge wir normalerweise die Schritte entwerfen«, sagte der Fremde. »Und die Antwort lautet, dass wir normaler-

weise mit den ›Was'‹ anfangen – das heißt, all die Dinge auflisten, die getan werden müssen, und dann entscheiden, ›wer‹ sie erledigt, und auch, ›wann‹ sie erledigt werden können.«

»Woher wissen wir, wie viele Schritte wir brauchen?«, fragte Pu und kratzte sich am Kopf.

»Allgemein gilt«, sagte der Fremde, »je größer das Ziel, desto mehr Schritte braucht man, um es zu erreichen.«

»Ich weiß, dass man viele Schritte braucht, um zu Eules Haus zu kommen«, sagte Pu.

»Ihr solltet euch ebenfalls klar machen«, sagte der Fremde, »dass manche Ziele Pläne erfordern, deren Umsetzung lange Zeit in Anspruch nimmt. Insbesondere, wenn wir über Ziele reden, die mit so etwas wie Erfolg zu tun haben.«

»Wieso ist das so?«, fragte Ferkel.

»Weil«, sagte der Fremde, »wir uns häufig sehr hohe Ziele stecken. In dem Fall können wir jeden einzelnen Teil vereinfachen und uns obendrein Orientierungspunkte schaffen, um unserer Fortschritte einzuschätzen, indem wir die Ziele in kleinere Segmente und Aufgaben gliedern.«

»Hat er gerade schon wieder was von Heffalumps gesagt?«, fragte Ferkel Pu.

»Muss wohl. Ich hab auch gehört, dass er was von ›Sägmonstern‹ gesagt hat«, sagte Pu zu Ferkel, dem jetzt schauderte.

»Wenn wir unsere Liste mit Schritten aufstellen, ist es wichtig, dass wir unvoreingenommen an die Sache rangehen, es kann nämlich sein, dass uns viele Schritte zu Anfang sehr schwierig oder gar unmöglich erscheinen. Wenn ihr dann an dem betreffenden Schritt seid, habt ihr schon einiges geschafft und seid zu sehr viel mehr im Stande als am Anfang. Wenn ihr an einen Schritt kommt, der euch nach wie vor unmöglich erscheint, könntet ihr ihn euch genauer ansehen und überlegen, ob er sich nicht in einfachere Unterschritte gliedern lässt und so leichter zu bewältigen ist.«

»Können wir anfangen? Können wir endlich anfangen!«, rief Tieger, der wieder ungestüm herumsprang. »Anfangen können Tieger am besten!«

»Fangen wir damit an, dass wir unser Ziel überprüfen«, sagte der Fremde. »Pu, kannst du es noch einmal nennen?«

»Unser Ziel«, sagte Pu stolz, »ist es, I-Ahs Geburtstag besser zu feiern als beim letzten Mal, damit er nicht mehr so traurig und düster ist.«

»Schön«, sagte der Fremde. »Wie stellen wir das jetzt an?«

»Wir sollten alle Geschenke in hübsches Papier einpacken!«, rief Ferkel.

»Aber wir haben noch keine Geschenke«, gab Pu zu bedenken.

»Oh«, sagte Ferkel.

»Das ist ein sehr wichtiger Aspekt«, sagte der Fremde. »Wenn wir die Liste von Schritten in unserem Plan erstellen, sehen wir, dass sich einige Schritte erst dann durchführen lassen, wenn ein vorheriger Schritt abgeschlossen ist. So auch in diesem Fall. Wir können die Geschenke noch nicht einpacken, solange wir nicht entschieden haben, was wir schenken wollen, und es nicht besorgt haben. Hier haben wir es also mit einem ›abhängigen Schritt‹ zu tun, mit einem, der von der Erledigung eines früheren Schrittes abhängt. Die anderen, die ›unabhängigen Schritte‹, lassen sich normalerweise jederzeit durchführen. Versteht ihr?«

»Ich glaube, ja«, sagte Pu. »Wenn einer von unseren Schritten der ist, I-Ah beim Essen seines Geburtstagskuchens zu helfen, nachdem er alle Kerzen ausgeblasen und sich was gewünscht hat und alle ihm ein Geburtstagslied gesungen haben, müssen wir warten, bis das alles vorbei ist, bevor wir ihm helfen«, schloss er traurig.

»Da hast du Recht, Pu«, sagte der Fremde. »Vielleicht sollten wir uns jetzt in Erinnerung rufen, wie die Vorbereitungen für seine letzte Geburtstagsparty gelaufen sind.«

Und so erzählte Pu die Geschichte von I-Ahs letztem Geburtstag weiter.

> Als Erstes ging Pu an den Schrank, um zu sehen, ob er noch einen ganz kleinen Topf Honig übrig hatte; er hatte noch einen, und er nahm ihn aus dem Schrank.
>
> »Dies werde ich I-Ah schenken«, erklärte er, »als Geschenk. Was wirst *du* ihm schenken?«
>
> »Könnte ich es nicht mitschenken?«, sagte Ferkel. »Von uns beiden?«

»Nein«, sagte Pu. »Das wäre *kein* guter Plan.«
»Na gut, dann schenke ich ihm einen Ballon. Ich habe noch einen von meiner Party übrig. Ich gehe jetzt los und hole ihn, ja?«
»Das, Ferkel, ist eine *sehr* gute Idee. Das ist genau das, was sich I-Ah zur Aufheiterung wünscht. Niemand kann mit einem Ballon unaufgeheitert bleiben.«
Also trabte Ferkel davon; Pu ging in die andere Richtung mit seinem Honigtopf.
Es war ein warmer Tag, und er hatte einen weiten Weg. Er hatte noch nicht mehr als die Hälfte des Weges zurückgelegt, als ein seltsames Gefühl überall an ihm herumzukriechen begann. Es

fing an seiner Nasenspitze an, tröpfelte von oben bis unten durch ihn hindurch und durch die Fußsohlen wieder hinaus. Es war haargenau so, als würde jemand in seinem Inneren sagen: »So, Pu, Zeit für eine Kleinigkeit.«

»Oha«, sagte Pu, »ich wusste gar nicht, dass es schon so spät ist.« Also setzte er sich hin und nahm den Deckel vom Honigtopf. Nur gut, dass ich dies mitgenommen habe, dachte er. Viele Bären, die an so einem warmen Tag wie heute ausgehen, hätten nie daran gedacht, sich eine Kleinigkeit mitzunehmen. Und er begann zu essen. Nun wollen wir mal sehen, dachte er, als er den Topf ein letztes Mal ausschleckte, wohin wollte ich? Ach ja, zu I-Ah. Er erhob sich langsam.

Und dann, plötzlich, fiel es ihm ein. Er hatte I-Ahs Geburtstagsgeschenk aufgegessen!

»So ein Mist!«, sagte Pu. »Was *soll* ich nur machen? Ich muss ihm irgendwas schenken.«

Zunächst konnte er an gar nichts Passendes denken. Dann dachte er: Immerhin ist es ein sehr hübscher Topf, auch wenn kein Honig drin ist, und wenn ich ihn sauber auswasche und es schreibt mir jemand *»Herzlichen Glückwunsch zum Geburtstag«* drauf, könnte I-Ah Sachen drin aufbewahren, und das könnte dann nützlich sein. Als er also gerade am Hundertsechzig-Morgen-Wald vorbeikam, bog er ab und ging in den Wald, um Eule zu besuchen, die dort wohnte.

»Ihr seht also«, sagte der Fremde, »als ihr von I-Ahs Geburtstag erfahren hattet, habt ihr euch das Ziel gesetzt, für ihn ein Geschenk zu besorgen. Pu, du bist nach Hause gegangen und hast ihm einen Honigtopf geholt, ein sehr schönes Geschenk.«

»Ja«, sagte Pu. »Es war *sehr* schön.«

»Und nachdem du dir das klar gemacht hattest«, lachte der Fremde, »hast du beschlossen, ›Herzlichen Glückwunsch zum Geburtstag‹ draufzuschreiben. Wozu du, wie du wusstest, zu Eules Haus würdest gehen müssen, um sie zu bitten, es für dich draufzuschreiben, nachdem du den Topf ausgewaschen hattest, und erst dann konntest du ihn I-Ah schenken. Das alles sind Schritte in dem Prozess, das Ziel zu verwirklichen, für I-Ah ein Geschenk zu besorgen. Das alles sind Bestandteile deines Plans.«

»Es wäre um einiges leichter gewesen, wenn ich I-Ahs Geschenk erst gar nicht aufgegessen hätte«, sagte Pu.

»Stimmt«, sagte der Fremde. »Trotzdem ist es ein gutes Beispiel dafür, dass Pläne geändert werden können, wenn im Laufe der Arbeit unvorhergesehene Dinge passieren. Und jede Änderung kann bedeuten, dass man weitere Schritte ausführen muss oder dass sich einige von den schon geplanten Schritten erübrigt haben.«

»Wie bei dem, was mit *meinem* Geschenk für I-Ah passiert ist«, quiekte Ferkel. Und es erzählte seinen Teil der Geschichte.

Während all dies geschah, war Ferkel nach Hause gegangen, um I-Ahs Ballon zu holen. Es drückte ihn ganz fest an sich, damit er nicht davongeweht wurde, und es lief, so schnell es konnte, damit es vor Pu bei I-Ah war; es dachte sich nämlich, dass es gern der Erste wäre, der ein Geschenk überreichte, als hätte es ganz von alleine dran gedacht. Und wie es so rannte und daran dachte, wie sehr sich I-Ah freuen würde, achtete es nicht auf den Weg … Und plötzlich blieb es mit einem Fuß in einem Kaninchenloch stecken und fiel flach aufs Gesicht.

PENG!!!???***!!!

So lag Ferkel da und fragte sich, was passiert war. Erst dachte es, die ganze Welt sei in die Luft geflogen; dann dachte es, dass vielleicht nur der Teil mit dem Wald in die Luft geflogen war, und dann dachte es, dass vielleicht nur *es selbst* in die Luft geflogen war, und nun war es ganz allein auf dem Mond oder sonst wo und würde Christopher Robin oder Pu oder I-Ah nie wiedersehen.

Und dann dachte es: Selbst auf dem Mond braucht man nicht die ganze Zeit mit dem Gesicht auf dem Boden zu liegen, weshalb es vorsichtig aufstand und sich umsah.
Es war noch immer im Wald!
Das ist aber komisch, dachte es. Ich frage mich, was das für ein Knall war. Ich kann doch durch Hinfallen nicht so einen Krach gemacht haben. Und wo ist mein Ballon? Und was soll dieser kleine feuchte Fetzen?
Es war der Ballon.
»O weh«, sagte Ferkel. »O weh, owei, o weh und ach! Aber jetzt ist es zu spät. Ich kann nicht mehr zurück, und ich habe keinen Ballon mehr, und vielleicht *mag* I-Ah Ballons gar nicht so *sehr*.«

»Ich sehe, dass sich die Dinge für dich sehr drastisch geändert haben, Ferkel«, sagte der Fremde.
»Ja«, sagte Ferkel traurig und versuchte, sich hinter Kaninchen zu verstecken, weil alle es ansahen.
»So, über Pläne haben wir gesprochen, jetzt wollen wir an *unserem* Plan arbeiten«, sagte der Fremde.
Er holte einen Laptop aus seiner Aktentasche und fing an, die Vorschläge von allen einzutippen. Sie sammelten Ideen und veränderten welche, verwarfen sogar einige, die eine Wiederholung von anderen Schritten bedeuteten, die sie entworfen hatten.
Der Fremde hielt einen Moment inne und hielt den Computer hoch, damit alle die Liste sehen konnten.

Sie sah so aus:

Kuchen mit rosa Zuckerguss besorgen
Geschenke für I-Ah einpacken
Zu den Sechs Tannen kommen
Happy Birthday to you singen
Allen sagen, sie sollen zu den Sechs Tannen kommen
Geschenke für I-Ah besorgen
Die Kuchen essen
I-Ah die Geschenke geben
Laut »Überraschung!« rufen
I-Ah sagen, er soll zu den Sechs Tannen kommen

»Das ist ein sehr guter Anfang«, sagte der Fremde. »Aber wir müssen es noch besser machen. Wir sollten die Punkte auf der Liste ihrer Priorität nach ordnen, damit ›abhängige Schritte‹ nach den Schritten kommen, von denen sie abhängig sind.«
»Zum Beispiel, dass wir die Kuchen erst essen können, wenn wir sie besorgt haben!«, sagte Pu.
»Und wir müssen alle großen oder komplexen Schritte zergliedern«, sagte der Fremde.
»Zum Beispiel Geschenke besorgen«, sagte Ferkel. »Wir sagen nicht, was das für Geschenke sind und wer welches kriegt.«
»Gut, Ferkel«, sagte der Fremde. »Und schließlich müssen wir den verschiedenen Schritten Verantwort-

lichkeiten zuordnen und sagen, wann sie ausgeführt werden sollen.«

»Und was ist, wenn sie nicht rechtzeitig ausgeführt werden?«, fragte Pu. »Was ist, wenn die Kuchen nicht da sind, wenn es Zeit ist, sie zu essen?«

»Wenn wir einen Aktionsplan machen«, sagte der Fremde, »versuchen wir, ganz genau abzuschätzen, wie lange alles dauert. Manchmal ist es nützlich einzukalkulieren, dass gewisse Dinge länger dauern, als man denkt, weil doch immer mal etwas Unvorhergesehenes passiert.«

»Zum Beispiel, dass Ballons platzen«, fügte Ferkel hinzu.

»Manchmal bleibt einem nichts anderes übrig, als den Zeitablauf des restlichen Plans zu ändern«, sagte der Fremde. »Oder manchmal dauert eine Sache länger, aber bei einem anderen Schritt spart man Zeit und kann die verlorene Zeit des ursprünglichen Zeitplans aufholen. Wie auch immer, solange ihr euch genau an euren Plan haltet und euer Möglichstes tut, nähert ihr euch eurem Ziel, so schnell die Situation es erlaubt.«

Sie arbeiteten noch etwas weiter an ihrem Plan für I-Ahs Geburtstag, und schon bald war die Liste fertig.

Pu hatte seinen Namen nur unter den Punkt »Die Kuchen essen« gesetzt, doch alle fanden, es sei höflich, sich daran zu beteiligen, da es schließlich I-Ahs Geburtstag war und die Kuchen Geschenke für I-Ah waren, und als der Fremde »u. a.« dazuschrieb, erklärte er, das sei die Abkürzung für »und andere« – aber Pu fand,

es könnte auch »unbedingt alles« bedeuten und war zufrieden.
»Das ist ein schöner Plan«, sagte der Fremde. »Fällt jemandem noch was ein?«
Es fiel niemandem noch was ein. Und so sprang Tieger ungestüm davon, um allen zu sagen, sie sollten zu den Sechs Tannen kommen, und als der Fremde sich auf den Weg ins Dorf machte, um beim Bäcker Kuchen zu besorgen, gingen Pu und Ferkel nach Hause, um ihre Geschenke für I-Ah zu holen.

PLAN FÜR I-AHS GEBURTSTAG

Was	**Wer**	**Wann**
Allen von der Party erzählen	Tieger	Morgen
Kuchen mit rosa Zuckerguss besorgen	Der Fremde	Morgen
Geschenke für I-Ah:		
2 rote Ballons (falls einer platzt)	Ferkel	Mittag
2 Töpfe Honig (falls einer gegessen wird)	Pu	Mittag
Disteln	Tieger	Mittag
Geschenke für I-Ah einpacken	Känga	Früher Nachmittag
Zu den Sechs Tannen kommen	Alle	Nachmittag

I-Ah sagen, er soll zu den Sechs Tannen kommen	Tieger	Wenn alle so weit sind
»Überraschung!« rufen	Alle	Wenn I-Ah kommt
Happy Birthday singen	Alle	Nach »Überraschung!«
I-Ah die Geschenke geben	Alle	Nachdem wir gesungen haben
Die Kuchen essen	Pu, u. a.	Nachdem I-Ah die Geschenke ausgepackt hat

»Da kommt er!«, quiekte Ferkel.
»Alle leise! Schhhhh!«, machte Pu.
Die Gestalt, die sich dem kleinen Kamm näherte, wo die Sechs Tannen standen, war durch die Sträucher und Bäume hindurch schwer auszumachen. Alle versteckten sich hinter Bäumen, Stechginsterbüschen und Heidekraut, um hervorzuspringen und I-Ah zu überraschen, sobald er da war.
»Überraschung!«
Der Fremde hätte fast das große Paket fallen lassen, das er in den Händen hielt, als alle auf einmal riefen und aus ihrem Versteck sprangen.
»Donnerwetter!«, sagte der Fremde. »Das habt ihr

wirklich toll gemacht. Wenn ich Geburtstag hätte, wäre ich ganz schön überrascht gewesen. Aber wenn I-Ah nicht schon hier ist, kann er nicht mehr weit sein. Tut mir Leid, dass ich mich verspätet habe.«

Der Fremde legte das Paket zu den anderen Geschenken und stellte sich neben einen der größeren Bäume.

»Er müsste jeden Augenblick kommen«, sagte Pu.

»Das heißt, falls er nicht von einem Heffalump gefangen worden ist«, fügte Ferkel hinzu.

»Ist alles vorbereitet?«, fragte der Fremde. »Ist alles klar?«

»Oh, ja«, sagte Klein Ruh aus seinem Versteck in Kängas Beutel. »Das wird eine wunderbare Party.«

Sie verstummten, als einer von Kaninchens Bekannten-und-Verwandten zu der Gruppe geeilt kam und flüsterte: »Er kommt! Er kommt!«

Wieder versteckten sich alle, als die Gestalt auf die Lichtung um die Sechs Tannen herum trat.

»Überraschung!«

Ein verblüffter Tieger sprang dreimal so hoch wie sonst und landete völlig aufgelöst. »Er ... er ... er ist direkt hinter mir«, sagte er nur. »Schnell! Versteckt euch!«

Wieder trat eine Gestalt auf die Lichtung und blickte mal hierhin, mal dorthin.

»Überraschung!«

Es war I-Ah.

»Herzlichen Glückwunsch, I-Ah!«

»Herzlichen Glückwunsch zum Geburtstag!«, sagte Pu.

I-Ah schaute alle an, die sich in einem kleinen Kreis um ihn versammelt hatten. Da waren Kaninchen und

Känga (mit Ruh natürlich) und Tieger und Pu und Ferkel und der Fremde, und er war sicher, dass Alexander Käfer auch irgendwo in der Nähe war.
»Meint ihr mich?«, fragte I-Ah, nachdem er hinter seinen Schwanz geschaut hatte, um sich zu vergewissern, dass sonst niemand da war.
»Natürlich, I-Ah«, anwortete Pu.
»Mein Geburtstag?«
»Ja«, sagte Ferkel.
»Ich habe etwas sehr Wichtiges zu sagen«, sagte I-Ah düster.
»Ja, ja! Eine Rede!«, riefen alle.
»Ähem«, sagte I-Ah. »Es tut mir Leid, aber so ist es nun mal, heute ist *nicht* mein Geburtstag.«
»Heute ist nicht dein Geburtstag?«, fragte Pu.
»Nein. Ich weiß doch, wann mein Geburtstag ist«, sagte I-Ah, »und heute ist er nicht.«

»Bist du sicher?«, fragte Ferkel, das begriff, dass es selbst ja allen anderen erzählt hatte, I-Ah habe Geburtstag. »Aber du hast doch gesagt, heute ist ein Tag, der nur einmal im Jahr kommt. Ein ganz besonderer Tag für Esel, hast du gesagt. Nicht, dass es was ausmachen würde, da sowieso keiner Notiz davon nimmt, hast du gesagt.«
»Das stimmt, kleines Ferkel«, sagte I-Ah. »Einmal im Jahr, jedes Jahr, ob ich es brauche oder nicht, nehme ich ein Bad. Nicht, dass es für euch Übrigen einen großen Unterschied macht, aber es ist eine Gewohnheit, in die ich an dem Tag gefallen bin, als wir Pu-Stöcke gespielt haben, wenn ihr euch erinnert, und die habe ich einfach beibehalten. Nicht, dass ich Tieger brauche, um mir einen ungestümen Schubs zu geben, obgleich das mitunter eine Hilfe wäre, wenn das Wasser kalt ist.«
Pu, der Fremde und die anderen blickten einander schweigend an und fragten sich, was sie tun sollten. Die Kuchen waren alle da, die Geschenke alle eingepackt, und vor allen Dingen freuten sich alle auf eine Feier. Was sollten sie bloß tun?
Das Schweigen zog sich in die Länge.
»Tja«, sagte Pu, »in dem Fall, *Herzlichen Glückwunsch zum Badetag*!«
»Ja«, sagten alle. *»Herzlichen Glückwunsch zum Badetag.«*
»Und mögen dir noch viele Badetage beschieden sein!«, sagte Ferkel.
Und dann ging die Party los. Sie sangen alle für I-Ah *Happy* Bath*day to You* und aßen von den Kuchen, die

der Fremde im Dorf besorgt hatte, die mit rosa Zuckerguss, und sie schauten lachend zu, wie I-Ah die Geschenke auspackte. Erst als alles ausgepackt war und alle Lieder gesungen und alle Reden gehalten worden waren, setzten sie sich zusammen, und es wurde still.

»Hoch lebe I-Ah an seinem Badetag!«, sagte Ferkel.

»Und hoch lebe Pu«, sagte Eule, »desssssen sehr clevere Idee diese Party war!«

Pu lächelte breit. *Diese* Sorte Bär!

»Und wir danken dem Fremden«, sagte Pu, »weil er uns beigebracht hat, wie man Pläne entwirft, denn nur so konnten wir diese Party für I-Ah organisieren und erfolgreich durchführen.«

»Gern geschehen, Pu«, sagte der Fremde. »Ich freue mich, dass wir Gelegenheit hatten, die Anwendung unseres Plans zu üben, während wir das Pläne-Anfertigen gelernt haben. Pläne können ausgesprochen wirkungsvoll und nützlich sein, wenn es darum geht, das gesetzte Ziel methodisch anzusteuern. Sie versetzen euch in die Lage, all eure eigenen Fertigkeiten ebenso zu nutzen wie die Fertigkeiten und den Einsatz anderer. Sie ermöglichen euch, euer Augenmerk nur auf die Dinge zu richten, die zur Erreichung eures Zieles getan werden müssen, und sie helfen euch, eure Fortschritte zu überprüfen und zu erkennen. Also merkt euch, ein Plan ist eine Liste von Einzelaktivitäten, die umreißen, wie ihr von dort, wo ihr seid, dahin kommt, wo ihr hinwollt.«

»Wie ein topographischesss Kartogramm«, sagte Eule.
»Oder eine Straßenkarte!«, quiekte Ferkel.
»Genau dasss hab ich doch gesagt«, sagte Eule.
»Ach«, sagte Ferkel.
»Und das gelingt uns, indem wir an all die möglichen Schritte und Aktivitäten denken, die wir ausführen müssen, um unser Ziel zu erreichen. Genau wie wir es bei I-Ahs Party gemacht haben. Sobald wir uns alle möglichen Schritte überlegt haben, ordnen wir sie zunächst in der Reihenfolge ihrer Priorität, wobei wir daran denken, dass manche Schritte unabhängig sind und manche abhängig, dass sie also von der Ausführung vorheriger Aktivitäten abhängen. Wir denken daran, die Aktivitäten unvoreingenommen aufzulisten, denn wir können schwierige Schritte in kleinere, leichtere zergliedern, wenn wir Probleme haben, und wir denken auch schon beim Entwerfen des Plans daran, dass sich die Situation ändern kann, was sich möglicherweise auf die gewählten Aktivitäten auswirkt. Sobald wir bestimmt haben, ›was‹ getan werden soll, das heißt, die Liste von Aktivitäten erstellt haben, können wir entscheiden, ›wer‹ sie ausführen soll. Wenn es dabei um euren persönlichen Plan geht, erfolgreich zu werden, ist es möglich, dass ihr sie alle *selbst* ausführen müsst.«
»Wer?«, fragte Eule, die kurz eingenickt war.
»Das Letzte, das unserem Plan noch fehlt, ist das ›Wann‹«, fuhr der Fremde fort. »Bei jedem einzelnen Schritt des Plans geben wir das Datum oder den Zeit-

punkt an, an dem der Schritt ausgeführt werden soll. An dieser Stelle solltet ihr euren Plan noch einmal überprüfen, ob auch alle Schritte wirklich machbar sind, das heißt, ob es sich um Aktivitäten und nicht um Ziele handelt. Und ob ihr für jeden einzelnen Schritt jemanden eingeteilt habt, der verantwortlich ist, und einen Zeitpunkt bestimmt habt, an dem der Schritt ausgeführt werden soll.«

»Was ist, wenn man mehr als ein Ziel hat?«, fragte Pu. »Ich bin oft ganz konfusiert, wenn es kurz vor dem kleinen Frühstück ist und ich unterwegs zu Ferkels Haus bin und mitten in einem Gesumm.«

»Das ist eine sehr gute Frage, Pu«, sagte der Fremde. »Wenn ihr Pläne verwendet, um eure Ziele zu verfolgen, werdet ihr feststellen, dass ihr viele verschiedene Ziele gleichzeitig verfolgen könnt. Weil ihr jedes Ziel in bestimmte Aktionen zergliedert habt und weil ihr lediglich das tun müsst, was als Nächstes auf eurer Liste steht, könnt ihr an verschiedenen Zielen auf einmal arbeiten. Es kann sein, dass ihr persönliche Ziele und berufliche Ziele und gesellschaftliche Ziele habt, an denen ihr alle gleichzeitig arbeiten könnt.«

»Aber was passiert, wenn ein Problem auftaucht?«, fragte Ferkel.

»Das ist leicht«, sagte Pu. »Dann LÖSEN wir es!«

»Stimmt, Pu«, sagte der Fremde. »Wenn ihr auf Schwierigkeiten stoßt, hilft euch die Problemlösungsmethode SOLVE aus der Patsche. Ihr könnt schwierige Schritte in kleinere, einfachere Schritte zergliedern, oder ihr stellt vielleicht fest, dass es für das, was getan werden muss, eine andere Möglichkeit gibt, und ihr könnt die Schritte in eurem Plan verändern. Und vergesst nicht, euch zu belohnen, wenn ihr Fortschritte macht. Kleine Belohnungen motivieren und helfen euch, eure Fortschritte zu erkennen.«

»Wie Badetagpartys!«, piepste Ruh.

»Wie Badetagpartys«, sagte der Fremde.

Sie blieben alle noch länger, bis sämtliche Kuchen aufgegessen waren, und dann verabschiedeten sie sich und machten sich auf den Weg nach Hause. Der Fremde sagte, er würde bald zurück sein, um über das Thema Ressourcen zu sprechen, was so etwas wie Vorräte sind, wie Pu Ferkel erklärte, und dass er hoffe, sie würden alle wieder dabei sein. Schließlich standen nur noch Pu und Ferkel und I-Ah bei den Sechs Tannen.

»Tja, I-Ah«, sagte Pu. »Nochmals herzlichen Glückwunsch zum –«

»Typisch«, fiel I-Ah ihm ins Wort. »Ich habe was vergessen.«

»Ich glaube nicht«, sagte Pu und sah sich um. »Ich hab dir doch gesagt, die Geschenke bringe ich dir morgen nach Hause.«

»Nein, Pu«, sagte I-Ah. »Ich habe vergessen, etwas zu *tun*.«

»Was denn?«, fragte Ferkel.

»Ich habe vergessen, ein Bad zu nehmen«, sagte I-Ah düster. »Typisch. Dann werde ich es jetzt wohl nehmen müssen. Es dürfte noch nicht zu kalt sein, obwohl es schon spät ist, aber was will man machen. Andererseits, es könnte auch regnen …«

Noch immer vor sich hin murmelnd trottete I-Ah davon.

KAPITEL 5

In welchem der Fremde nicht Balzrück ist, Rösser erwogen werden und eine Bestandsaufnahme der Fertigkeiten von allen gemacht wird

Mist!«, sagte Pu.

Ferkel vergewisserte sich mit einem raschen Blick über die Schulter, dass sich keine Heffalumps angeschlichen hatten, was sie, wie es gehört hatte, mit Vorliebe taten. Nur Ruh und Tieger waren da, die eine schnelle Partie Tannenzapfen gespielt hatten, während sie darauf warteten, dass irgendetwas passierte.

»*Ach, Mist!*«, sagte Pu.

Ferkel blickte rasch um Pu herum, aber hinter Pu war nichts, wenn man Känga nicht mitzählte, die Ruh liebevoll beobachtete, I-Ah, der zufrieden eine Distel mampfte, und Eule, die sich auf einen Ast direkt über ihnen gehockt hatte. Keiner von ihnen sah auch nur im Geringsten wie ein schreckliches Heffalump aus, also beschloss Ferkel, dass es Pu gefahrlos fragen könne, was ihn ärgerte.

»Was ist los, Pu?«

»Ich überlege, wann der Fremde wiederkommen wollte und worüber wir sprechen wollten … Ich fürchte, ich bin ein Bär von sehr wenig Verstand.«

Ferkel überlegte, wann sie den Fremden das letzte Mal gesehen hatten und was der Fremde gesagt hatte, worüber sie sprechen würden.

»Ich … ähm … meine … ähm …«, sagte es langsam und dachte so angestrengt nach, dass sich ihm die Stirn kräuselte und die Ohren nach hinten bogen, was sie für gewöhnlich nur taten, wenn ein starker Wind blies.

»… dass er nicht gesagt hat, *wann*, aber *worüber* wir sprechen werden, hat er wohl gesagt.«

»Das stimmt nicht«, sagte Kaninchen, das gerade dazugekommen war. »Ich erinnere mich genau, dass der Fremde versprochen hat, ›Balzrück‹ zu sein.«

»Desssssen entsinne ich mich auch«, pflichtete Eule bei. »Aber ich meine, er hat gesagt ›bald zzzurück‹.«

»Und das beunruhigt mich ja gerade«, sagte Pu. »Es müsste doch inzwischen längst ›bald zurück‹ sein, aber der Fremde ist nirgendwo zu sehen.«

»Vielleicht hat der Fremde sich verirrt«, sagte Kaninchen.

»Esss issst aber auch denkbar, dassssss Angelegenheiten von einem größßßeren Maßßß an Dringlichkeit

den Fremden in Anspruch nehmen«, sagte Eule, »und esss ihm dessshalb unmöglich war, dasss Versprechen, ›bald zzzurück‹ zzzu sein, einzzzulösen.«
»Oh! Oh!«, quiekte Ferkel. »Mir ist eben eingefallen, worüber wir sprechen wollten. Über Rösser.«
»Natürlich«, sagte I-Ah und blickte von seiner Distel auf. »Natürlich, ein Pferd. Das ist die Erklärung. Der Fremde ist bestimmt auf der Suche nach einem Pferd. Gute sind schwer zu finden und sehr teuer. Nach Eseln sind Pferde wirklich das einzige angemessene Thema für eine ernsthafte Diskussion.« I-Ah schwieg einen Moment und kaute nachdenklich.
»Viele wissen nicht, dass Esel und Pferde verwandt sind, oder es ist ihnen einfach egal«, sagte er düster. »So ist es nun mal. Falls es hier irgendjemanden interes-

siert, die Familie heißt Equidae. Die Gattung ist *Equus*. Ich bin *Equus asinus*. Das Pferd ist *Equus caballus*. Wir sind nämlich praktisch Cousins.«
»Ein Pferd issst ein nicht-paarhufiges Huftier auf vier Beinen«, klärte Eule die Sachlage mit Bestimmtheit. »Aber darüber will der Fremde nicht mit unsss sprechen. Er hat gesagt, dasss Thema issst ›Resssssourcccen, um unseren Plan aussszzzuführen‹. Dasss issst etwasss ganzzz anderesss.«
»Ich hab gedacht, das Thema wäre ›Rösser‹«, sagte Ferkel.

»Ich auch«, sagte Pu. »Bloß dass ich mich nicht erinnern konnte. Was ist eine Ressourcen?«
Eule blickte Pu finster an. »Ressssssourcccen issst Plural. Richtig heißßßt esss, ›Wasss *sind*–‹«
»Aha. Danke, Eule«, sagte Pu. »Das hab ich nicht gewusst. Was *sind* eine Ressourcen?«
Eule beschloss, Pus unzulängliches Verständnis der grammatikalischen Grundregeln zu ignorieren, und kam wieder zur Sache. »Eine Ressssssourccce issst etwasss, wasss zzzur Verwendung bereitsteht oder alsss Hilfsssmittel herangezzzogen werden kann. Indisssputabel issst, dassssss der Fremde gemeint hat, er wolle erkunden, wasss Ressssssourcccen sind und wie sie verwendet werden können, um die Pläne aussszzuführen, die zzzwecksss Erreichung der gesetzzzten Zzziele ersonnen wurden.«
»Verstehe«, sagte Pu, obwohl das eigentlich nicht stimmte.
»Ich auch«, quiekte Ferkel aufgeregt. »Das ist dann ungefähr das Gleiche wie das, was passiert ist, als wir alle auf eine Expotition zum Nordpohl gegangen sind und Ruh aus Versehen in den Bach gefallen ist, als es sich das Gesicht und die Pfoten gewaschen hat.«
Ferkel schauderte es schon allein bei dem Gedanken daran. Es hielt nicht viel vom Waschen und war mit I-Ah der Meinung, dass das doch bloß moderner Hinter-den-Ohren-Unsinn war. Abgesehen davon, dass Waschen unangenehm war, konnte es leicht zu einer Veränderung der eigenen Farbe führen.

»Seht mal, wie ich schwimme!«, quiekte Ruh mitten in seinem kleinen Teich und wurde einen Wasserfall hinunter und in den nächsten Teich gerissen.

»Geht es dir gut, Ruh, mein Liebling?«, rief Känga ängstlich.
»Ja!«, sagte Ruh. »Seht mal, wie ich schw...« Und mit dem nächsten Wasserfall ging es hinunter in den nächsten kleinen Teich.
Jeder unternahm etwas, um zu helfen. Ferkel, plötzlich hellwach, hüpfte auf und ab und machte Geräusche, die sich wie »Oha aber auch« anhörten; Eule erklärte, dass es in einem Fall unvermittelten und vorübergehenden Eintauchens ins Wasser von größter Wichtigkeit sei, den

Kopf über demselben zu halten; Känga sprang am Bach entlang und sagte: »Bist du *sicher,* dass es dir gut geht, Ruh, mein Liebling?«, worauf Ruh, aus dem kleinen Teich, in dem es gerade war, antwortete: »Seht mal, wie ich schwimme!« I-Ah hatte sich umgedreht und seinen Schwanz in den ersten Teich gehängt, in den, in den Ruh gefallen war, und mit dem Rücken zum Schauplatz des Unfalls grummelte er leise vor sich hin: »Immer diese Wascherei; aber halt dich einfach an meinem Schwanz fest, Klein Ruh, dann kann dir gar nichts passieren«, und Christopher Robin und Kaninchen stürmten an I-Ah vorbei und riefen den anderen vor ihnen Nützliches zu.

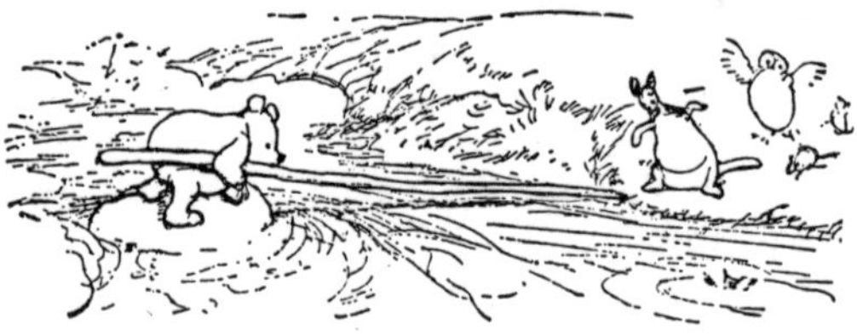

»Schon gut, Ruh, ich komme«, rief Christopher Robin.

»Legt weiter unten irgendwas Langes über den Bach, ihr Burschen«, rief Kaninchen.

Aber Pu holte bereits etwas. Zwei Teiche unter Ruh stand er mit einem langen Pfahl in den Pfoten, und Känga nahm am anderen Ufer das andere Ende, und sie hielten den Pfahl zwischen sich über den unteren Teil des Teiches, und Ruh, das immer noch stolz »Seht mal, wie ich schwimmen kann« blubberte, trieb gegen den Pfahl und kletterte aus dem Wasser.

»Das ist also ein Beispiel für eine Ressource«, sagte Ferkel. »Der Pfahl lag dort bereit zur Verwendung und konnte als Hilfsmittel herangezogen werden. Was auch geschah. Um Ruh zu retten.«
»Nicht, dass es eine Rolle spielt«, grummelte I-Ah, »aber es war noch eine andere Ressource da. Schon gut, wenn es niemand erwähnt, aber dennoch, sie war da und bereit zu helfen, falls sie benötigt würde. Wenn man nicht gedacht hätte, sie könnte benötigt werden, hätte man wohl nicht seinen Schwanz in das fast eiskalte Wasser getaucht. Es ist nicht so, dass einem ein abgestorbener Schwanz Spaß macht. Kein Gefühl im Schwanz zu haben ist äußerst unangenehm. Man meint dann nämlich, man könnte ihn verloren haben, was beunruhigend ist. Wenn ihr schon mal einen Schwanz verloren hättet« – I-Ah schüttelte bedächtig den Kopf – »wüsstet ihr das. Obwohl ich nicht annehme, dass viele von euch das je erlebt haben.«
»Tut mir Leid, I-Ah«, sagte Ferkel. »Ich wollte ja deinen Schwanz erwähnen, aber du warst zu schnell für mich. Dein Schwanz ist eine großartige Ressource!«
»Das denke ich auch«, sagte I-Ah und vergewisserte sich mit einem Blick nach hinten, dass sein Schwanz

noch da war. »Obwohl manche da anderer Ansicht sein könnten.«

»Ich zum Beispiel«, sagte Pu. »Ich weiß noch, wie ich deinen Schwanz gefunden habe, als er verloren war, und da war mir nicht mal klar, dass es eine Ressource oder ein Schwanz war, geschweige denn ein Klingelzug.«

»Das geht den meisten so«, sagte I-Ah düster.

»Aber jetzt, wo wir wissen, dass Ressourcen Schwänze und Pfähle sind«, fuhr Pu fort, »vor allem Pohle, die Norden sind und von gewissen Bären gefunden werden« – Pu bemühte sich, ein bescheidenes Gesicht aufzusetzen, und scheiterte – »ist es nicht einmal notwendig, dass der Fremde uns was über sie erzählt. Wenn wir wüssten, wo er ist, könnten wir ihm sagen, dass er nicht ›Balzrück‹ sein muss, weil wir über Ressourcen Bescheid wissen.«

Kaum hatte Pu das ausgesprochen, kam der Fremde in Sicht und gesellte sich zu ihnen.

Alle üblichen Hallos und Begrüßungen wurden gesagt, und Pu erwähnte rein zufällig, dass ihm nicht klar gewesen sei, dass »Balzrück« jetzt sei, weil er gedacht hatte, es sei früher, und der Fremde sagte, Pu habe Recht, es sei früher. Der Fremde entschuldigte sich, dass »Balzrück« so lange vorher gewesen sei, aber es habe eine unvermeidliche Verzögerung gegeben.

Der Fremde nahm seinen Rucksack ab, lehnte ihn gegen den Picknickkorb, den er an den Baumstamm gestellt hatte, und machte es sich bequem. »Als ich vorhin auf euch zukam, meinte ich zu hören, wie

jemand sagte, ihr wüsstet über Ressourcen Bescheid. Wie wär's, wenn wir damit anfangen, dass ihr mir erzählt, was ihr über sie wisst, damit ich euch nichts erzählen muss, was ihr schon wisst.«

»Sicher«, sagte Pu, der sich fragte, ob nicht nur in dem Picknickkorb, sondern vielleicht auch in dem Rucksack etwas zu essen war. »Wir möchten natürlich nicht, dass du wieder zurück in den Wald gehst, wo du doch eben erst gekommen bist.«

Der Fremde wollte schon fragen, warum er nach Pus Ansicht zurück in den Wald gehen müsse, hielt es dann aber für besser, sich anzuhören, was sie über Ressourcen wussten.

Pu erzählte daraufhin dem Fremden, wie Eule »Ressourcen« definiert hatte und dass sie alle (im Grunde Ferkel) entschieden hatten, was Ressourcen waren, wobei an erster Stelle der Nordpohl und ganz am Ende I-Ahs Schwanz genannt worden seien.

»Schwänze zählen auch«, fügte I-Ah hinzu. »Sie sind nicht bloß eine kleine Zugabe am Rücken.«

»Natürlich zählen sie«, sagte der Fremde. »Eules Definition, was eine Ressource ist oder was Ressourcen sind, stimmt genau. Ihr habt sehr gute Arbeit geleistet, während ich weg war, aber ich würde gern ein bisschen ausführlicher darüber sprechen, was Ressourcen sind, wie ihr erkennt, welche Ressourcen zur Durchführung eurer Pläne notwendig sind und wie ihr durch die effektive Nutzung verfügbarer Ressourcen eure Ziele schneller erreichen könnt.«

Sie waren alle einverstanden, doch I-Ah grummelte: »Dann gibt es also noch mehr Ressourcen als Schwänze und Pfähle. Hätte ich mir ja denken können.«
»Als Erstes müsst ihr euch merken«, fuhr der Fremde fort, »dass Ressourcen genau wie die Schritte in eurem Plan verändert werden können. Ressourcen sind nicht nur Schwänze und Pfähle, auch wenn das in deinem Beispiel, Ferkel, durchaus der Fall war. Aber jetzt wollen wir über die Ressourcen sprechen, die bei irgendeinem Projekt oder in den Schritten eines Aktionsplans zur Erreichung eines Zieles eher eine Rolle spielen. Es gibt vier, die so gut wie immer nützlich sind, und zwar Zeit, Geld, Wissen und Fertigkeiten. Wenn man sie richtig einsetzt, lassen sich die Schritte eines jeden Plans leichter ausführen, und die meisten Schritte erfordern eine oder mehrere dieser Ressourcen.«
»Ich habe meistens Zeit«, sagte I-Ah. »Ich finde, eine von vier ist gar nicht schlecht. Vermutlich besser, als ich erwartet habe, jetzt, wo ich drüber nachdenke.«
»Das ist doch schon sehr gut«, sagte der Fremde. »Zeit ist wahrscheinlich die wichtigste Ressource von allen, weil sie begrenzt ist. Jeder von uns hat die gleiche Menge zur Verfügung – vierundzwanzig Stunden am Tag. Nicht mehr, nicht weniger. Nicht die Menge an Zeit, die wir haben, ist wichtig, sondern wie sinnvoll wir sie einsetzen. Wie wir sie nutzen, um das zu erreichen, was wir wollen.«
»Mal wieder typisch«, sagte I-Ah angewidert. »Zeit ist die einzige Ressource, die ich habe, und jetzt stellt sich

raus, dass jeder die gleiche Menge davon hat. Nicht gerade was Besonderes – «

»Als Mutter«, unterbrach Känga ihn, »habe ich das Gefühl, einfach nie genug Zeit zu haben, um alles zu schaffen, was ich tun sollte. Ich wüsste gern, wie ich daran was ändern kann.«

»Ich wäre bereit, auf Baden und meine Stärkungsmedizin zu verzichten«, piepste Ruh. »Dann hättest du mehr Zeit für andere Dinge.«

»Ich würde furchtbar gern allen Malzextrakt essen, den Ruh nicht haben will«, bot Tieger an.

»Aber, aber Ruh«, sagte Känga, »du weißt doch, dass du beides brauchst, um ein starkes und hübsches Känguru zu werden.«

»Ich hab gedacht, die Idee wäre gut«, sagte Ruh enttäuscht.

»Ich auch«, sagte Tieger und leckte sich die Lippen.

»Im Prinzip ist die Idee gut«, sagte der Fremde. »Ihr habt nur die falschen Dinge ausgesucht, die ihr weglassen wollt, um eure Zeit effektiver zu nutzen. Wenn ihr Dinge aussuchen würdet, die nicht wichtig sind, wäre eure Idee gut.«

Ferkel, dessen Laune sich etwas gebessert hatte, als Ruh den Vorschlag mit dem Baden machte, murmelte etwas in der Richtung, dass es nicht gerade viel von dieser ganzen Zeitnutzungsidee als Ressource hielt.

»Es geht uns ja um Folgendes«, sagte der Fremde. »Wir wollen die feststehende Menge an Zeit, die wir haben, klug nutzen, damit wir unsere Ziele erreichen. Über dieses Thema erfahren wir später mehr. Außerdem, Känga, garantiere ich dir, dass du, wenn du die Dinge anwendest, über die wir noch reden werden, alles schaffst, was du tun musst, und noch mehr dazu.«

»Schön«, sagte Känga, die sich hinsetzte, um zuzuhören, obwohl sie sich als Mutter da nicht so sicher war.

»Die nächste Ressource, die wir erwähnt haben, ist Geld«, fuhr der Fremde fort. »Meistens erfordern die Schritte in eurem Plan, den ihr erarbeitet habt, um eure Ziele oder euer Ziel zu erreichen, kein Geld. Doch mitunter lässt sich ein Schritt mit Geld erheblich einfacher ausführen. Hat jemand vielleicht eine Idee, wann das der Fall sein könnte?«

»Geld wird alsss Tauschmittel definiert«, sagte Eule. »Vielleicht könnte man Geld gegen etwasss tauschen, wasss man nicht hat, oder gegen etwasss, wasss man in größßßeren Mengen braucht, alsss man zur Verfügung hat. Wie Zzzeit, die ja begrenzzzt issst, wie du gesagt hassst.«

»Sehr gut, Eule!«, sagte der Fremde. »Wenn ihr zur Ausführung eines Schrittes in eurem Plan vierundzwanzig Stunden eurer Zeit bräuchtet und wenn ihr das schneller schaffen wolltet, könntet ihr jemanden dafür bezahlen, dass er euch hilft, und dann wärt ihr in zehn Stunden fertig. Dann habt ihr Geld gegen Zeit getauscht.«

»Genau dasss«, sagte Eule ernst, »habe ich doch gesagt.«

»Stimmt«, sagte der Fremde. »Dennoch, ich wollte den Punkt durch die Wiederholung hervorheben, weil es eine wichtige Lektion ist, wenn man über Ressourcen nachdenkt. Eules Beispiel zeigt uns nämlich, dass Geld in gewisser Hinsicht das Gleiche wie Zeit sein kann. Wir sagen, Zeit ist Geld, was bedeutet, dass Zeit und Geld austauschbar sind. Wenn man eine bestimmte Menge Zeit benötigt, kann man dafür Geld einsetzen, und wenn man eine bestimmte Menge Geld benötigt, kann man manchmal dafür Zeit einsetzen. Das gilt häufig auch für andere Ressourcen, deshalb sollte man sich dieser Möglichkeit bewusst sein.«

»Wie als Eule einmal ihre Sachen in ein neues Haus schaffen wollte, nachdem das alte an einem sehr stürmischen Tag umgeweht worden war«, sagte Kaninchen. »Wir hätten ein Umzugsunternehmen bezahlen können, aber stattdessen haben wir alle mit angepackt und es allein gemacht.«

»Genau, Kaninchen. Das ist ein sehr gutes Beispiel«, lobte der Fremde. »Merkt euch: ›Geld gleich Zeit‹, und

manchmal könnt ihr eine Ressource gegen eine andere austauschen.«

»Was ist mit den anderen beiden?«, fragte Pu. »Wissen und – äh – Fertigkeiten. Sind die genau wie Zeit und Geld?«

»Insofern, als man Zeit verwenden kann, um sich Wissen anzueignen. Die Schule ist dafür ein Beispiel – «

Ferkel horchte auf. Das war etwas, wovon es etwas verstand.

» – und«, fuhr der Fremde fort, »wenn ihr Geld habt, könnt ihr jemanden engagieren, der euch das Wissen beschafft, das ihr braucht, oder der euch unterrichtet. Meistens genügt es aber, euch das, was ihr wissen wollt, aus Büchern anzulesen, oder wenn ihr einen Computer habt, geht ihr in etwas, was Internet heißt, ein Netz, das die ganze Welt umspannt – «

Ferkels Ohren zuckten. Der Gedanke, dass einer von Kaninchens Bekannten so groß war, dass er ein so gewaltiges Spinnennetz weben könnte, war schwer vorstellbar.

» – oder ihr fragt jemanden, der sich auskennt«, sagte der Fremde weiter.

»Das mache ich«, sagte Pu. »Ich frage meistens Christopher Robin, oder wenn er nicht da ist, frage ich Eule oder jemand anderen.«

Eule hockte auf einem Ast und hatte die Augen geschlossen. Es war möglich, dass sie ein Nickerchen machte, aber vielleicht auch nicht. Das war schwierig zu sagen, weil sie häufig tagsüber so da hockte. »Dasss

Licht issst zzzu hell«, sagte sie dann immer, wenn Pu oder jemand anders sie fragte, ob sie schlafe. Diesmal musste sie ihren Namen gehört haben, denn sie öffnete die Augen, plusterte sich auf und sagte: »Wen?«

Pu überlegte kurz, wer der Jemand-Anders sein könnte. »Es kommt drauf an, was ich wissen will. Wenn sich jemand nicht gut fühlt, frage ich Känga, was man machen kann. Wenn es darum geht, Sachen zu organisieren, ist Kaninchen meist der Richtige. Ferkel kennt sich gut mit Heicheln und Heffalumps aus. In Distel-Fragen gibt es keinen Besseren als I-Ah.«

»Wie immer an letzter Stelle«, sagte I-Ah. »Dennoch, Disteln sind ein wichtiges Thema, und ich hab mal gehört, wie Christopher Robin gesagt hat, man spart sich die besten bis zum Schluss auf. Aber vielleicht hat er auch von Torten gesprochen, mit seinem Namen drauf in rosa Zuckerguss und Kerzen und –«

»Eine Dissstel«, schnitt Eule ihm das Wort ab, »issst der gebräuchliche Name der stacheligen, krautartigen Pflanzzze der Kompositengattung *Carduus*«, bloß um deutlich zu machen, dass es, falls I-Ah mal in einem anderen Teil des Waldes wäre, noch andere gäbe, auf die Verlass wäre.

»Danke, Eule«, sagte Pu. »Das heißt, das wollte ich jetzt eigentlich gar nicht wissen.«

I-Ah und Eule machten beide »hm«.

»Deine Idee ist richtig, Pu«, sagte der Fremde rasch, damit es nicht zum Streit darüber kam, wer am meisten über Disteln Bescheid wusste. »Andere fragen ist *eine*

Möglichkeit, sich Wissen anzueignen, erst recht, wenn man jemanden fragt, der sich mit dem Thema auskennt.«

Pu versuchte, eine bescheidene Miene aufzusetzen.

»Jetzt kommen wir zur letzten der Ressourcen, die man für gewöhnlich braucht – Fertigkeiten«, fuhr der Fremde fort. »Insbesondere wollen wir über die jeweiligen Fertigkeiten des Einzelnen sprechen. Wenn ihr nämlich einen Plan ausführt, sind für manche Schritte oftmals spezielle Fertigkeiten erforderlich. Dazu ist es hilfreich, eine Fertigkeiten-Bestandsaufnahme zu machen.«

»Was ist eine Fertigkeiten-Bestandsaufnahme?«, fragte Ferkel, das als Erster die Hand gehoben hatte. »Und was ist überhaupt eine Fertigkeit?«

»Das ist eine gute Frage, Ferkel«, sagte der Fremde. »Eine Fertigkeit ist etwas, was man gut kann. Etwas, was man gut ausführen kann. Eine Fertigkeiten-Bestandsaufnahme ist eine Liste von all den verschiedenen Dingen, in denen man gut ist. Dazu zählen auch so einfache Dinge wie Geschichten erzählen oder sich im Wald zurechtzufinden oder komplizierte Dinge wie einen Computer zu programmieren oder Schreiben oder – «

»Probleme lösen!«, sagte Pu, stolz darauf, dass ein Bär von sehr wenig Verstand ein ganz passabler Problemlöser geworden war.

»Aber warum macht man das?«, fragte Ruh.

»Weil es nun mal Probleme gibt«, sagte Pu entschlossen.

»Nein!« Ruh schüttelte den Kopf. »Ich meine, wieso macht man eine Fertigkeiten-Bestandsaufnahme?«

»Aus mehreren Gründen, Ruh«, sagte der Fremde. »Wenn ihr eine Fertigkeiten-Bestandsaufnahme macht, und das in regelmäßigen Abständen, gewinnt ihr Vertrauen in eure Fertigkeiten und habt ein besseres Gespür für sie. Außerdem zeigt sie euch, an welchen Fertigkeiten ihr eventuell noch arbeiten müsst oder ob es ratsam wäre, neue dazuzulernen. Eure Fertigkeiten als Ressource zu betrachten ermöglicht es euch, die Schritte, die ihr in einem Plan zur Erreichung eines Ziels aufgelistet habt, zu überprüfen und zu sehen, welche Fertigkeiten ihr habt und welche ihr euch woanders suchen müsst.«

»Aber weiß denn nicht jeder, was er für Fertigkeiten hat?«, fragte Ruh.

»Nicht immer«, sagte der Fremde. »Manche sind zu bescheiden, was ihre Fertigkeiten angeht. Oder sie neigen dazu, sie zu zergliedern. Das heißt, ihnen ist nicht klar, dass zum Beispiel die Fertigkeit, die Finanzen für ihre Kirchengemeinde zu regeln, eine gute Voraussetzung ist, das Gleiche auch für eine kleine Firma zu machen. Fertigkeiten sind übertragbar und lassen sich häufig auf vielfältige Weise anwenden.«

Pu hatte versucht, angestrengt zuzuhören, war jedoch genau in der Mitte von dem, was der Fremde sagte, durcheinander gekommen.

»Ich glaube, ich bin verwirrt«, sagte er.

Der Fremde legte den Kopf in den Nacken und blickte nach oben in die Äste des Baumes, unter dem sie saßen.

Nach einer Weile nickte er. »Ich glaube, ein Beispiel könnte das alles verständlicher machen, und ich denke, mir ist genau das Richtige eingefallen.«
Der Fremde blickte in die Runde. »Wer von euch weiß, wie man eine Baumschaukel baut?«
Alle schauten einander der Reihe nach an, um zu sehen, wer das wissen könnte, aber niemand hob die Hand oder sagte etwas.
»Na schön«, sagte der Fremde, »ich frage noch mal, aber diesmal drücke ich es etwas anders aus. Wer von euch kann gut auf Bäume klettern, über Äste gehen, Sachen finden, Knoten binden oder neue Sachen ausprobieren?«
»Tieger sind in all den Sachen am besten«, sagte Tieger. »Außer von Bäumen runterklettern.«
»Ich kann gut klettern«, sagte Ruh. »Hoch. Wenn Tieger hilft.«
»Ich kann Knoten binden«, sagte Ferkel. »Das hat Christopher Robin mir beigebracht.«

»Und ich bin gut darin, neue Sachen zu probieren«, sagte Pu. »Wie Reime und neue Honigtöpfe.«
»Sehr gut«, sagte der Fremde. »Das alles sind Fertigkeiten, die man braucht, um eine Baumschaukel zu bauen. Also, Ruh, warum hast du dich nicht gemeldet, als ich das erste Mal gefragt habe, ob ihr wisst, wie man eine Baumschaukel baut?«
»Ich ... ich ... glaube, es war mir nicht klar«, sagte Ruh langsam, »dass Klettern zum Bauen einer Baumschaukel dazugehört.«
»Ausgezeichnet«, sagte der Fremde. »Genau darauf wollte ich hinaus. Einer der wichtigsten Gründe, warum wir eine Fertigkeiten-Bestandsaufnahme machen, ist der, herauszufinden, welche Fertigkeiten vorhanden sind. Wenn wir unsere Fertigkeiten auflisten, müssen wir uns vor Augen halten, worin die Fertigkeit im Grunde besteht, und dürfen nicht nur daran denken, zu welchem Zweck wir sie vielleicht mal in der Vergangenheit angewendet haben. Wir würden Ruhs Fertigkeit daher in der Liste als ›klettern‹ bezeichnen, nicht als ›auf Bäume klettern‹ oder ›auf Leitern klettern‹.«
»Gilt das auch fürs Knoten-Binden?«, quiekte Ferkel.
»Was meinst du?«, fragte der Fremde.
»Na ja«, sagte Ferkel, »als Christopher Robin mir den Knoten beigebracht hat, hat er mir das an seinen Schuhen gezeigt, und obwohl das sehr nützlich ist, das heißt, wenn man von der Sorte ist, die Schuhe trägt, kam es mir nicht wie etwas vor, was für etwas anderes nützlich sein könnte, außer für ein anderes Paar Schuhe.«

»Und genau das ist der springende Punkt! Danke, Ferkel!«, sagte der Fremde, während Ferkel sich leicht verbeugte und vor Stolz strahlte. »Wir müssen daran denken, dass wir unsere Fertigkeiten unvoreingenommen und ohne Bescheidenheit dahingehend überprüfen, welche Möglichkeiten in ihnen stecken, uns bei der Aufgabe zu helfen, die wir bewältigen wollen.«
Der Fremde schwieg einen Augenblick und dachte nach. »Ich halte es für das Beste, wenn wir mal eine Fertigkeiten-Bestandsaufnahme machen. Ferkel, dürfen wir dich als Beispiel nehmen?«
Ferkel wurde rot, obwohl es ihm niemand ansehen konnte, da sein Bad bei Känga zu Hause schon eine ganze Weile her war. »Ja«, sagte es.
»Also schön«, sagte der Fremde. »Welche Fertigkeiten hast du noch, außer dass du Knoten binden kannst?«
»Tja … mh … äh«, stammelte Ferkel. »Mir fällt nichts ein. Meinst du, mir fallen keine anderen Fertigkeiten ein, weil ich keine habe?«
»Absolut nicht. Jeder hat Fertigkeiten, aber wer so was noch nie gemacht hat, dem fällt es beim ersten Mal ein wenig schwer. Also, Ferkel«, sagte der Fremde, »für deine Fertigkeiten-Bestandsaufnahme machen wir zunächst eine Liste mit all den Dingen, in denen du gut bist oder Erfahrung hast. Und ich möchte, dass ihr anderen unserem Ferkel helft, indem ihr sagt, welche Fertigkeiten es eurer Meinung nach hat.«
»Heffalumps eine Falle stellen«, sagte Pu. »Ferkel kann Heffalumps sehr gut eine Falle stellen.«

Ferkel schluckte schwer, als es daran dachte, was für eine Angst es gehabt hatte, und hoffte, dass die bloße Tatsache, dass man in etwas gut war, nicht bedeutete, dass man es dann auch wirklich tun musste.
»Kleine Tiere nachahmen«, fügte Ruh hinzu. »Weißt du noch, wie du mal meine Stelle eingenommen hast?«

»Und klein und behände sein, an einen Strick gebunden und hoch zum Briefkasten gezogen werden«, sagte Pu.
»Und Nachrichten schreiben, um gerettet zu werden«, fügte Ferkel selbst hinzu, sehr stolz, dass es in dem betreffenden Abenteuer daran gedacht hatte.
»Und unser – « Pu hätte fast gesagt, »unserem I-Ah ein Haus bauen«, doch da er nicht sicher war, ob I-Ah wusste, dass sie es gebaut hatten, sagte er stattdessen rasch: »Unserer Eule gegenüber großzügig sein, als sie ein Haus brauchte.«

»Das sind alles sehr schöne Fertigkeiten«, sagte der Fremde. »Schaut her.«
Sie drängten sich um die Stelle, wo der Fremde den Boden geglättet und mit einem Stock Folgendes geschrieben hatte:

FERKELS
FERTIGKEITEN-BESTANDSAUFNAHME

Jagen und Fallen stellen
Schauspielern
Klettern
Schreiben
Spenden und geben

»Das ist ein ausgezeichneter Anfang, Ferkel!«, sagte der Fremde. »Ich werde es auf ein Blatt Papier schreiben, damit du die Liste erweitern kannst, wenn du neue Fertigkeiten lernst.«
Und so arbeitete der Fremde weiter mit ihnen, und bald darauf hatte jeder eine Liste. Pus Liste sah in etwa so aus:

PUS
FERTIGKEITEN-BESTANDSAUFNAHME

Wolken imitieren
Honig essen
Retten (vor allem Ferkel und Ruhs)

Schwemmen
Honig testen (um sicherzugehen, dass er noch gut ist)
Pu-Stöcke spielen
Gesumme summen (und sich welche ausdenken)
Neue Sachen probieren (zum Beispiel Honig und Probleme lösen)
Probleme lösen

Pu kratzte sich am Kopf. »So, jetzt haben wir die Listen fertig«, sagte er, »aber wie benutzen wir sie? Die ›Wies‹ machen mir Sorgen.«
»Eine gute Frage, Pu«, sagte der Fremde. »Bloß die Liste aufzustellen bringt nicht sehr viel. Nachdem wir unsere Liste fertig gestellt haben – oder auch mehrere Listen, wenn wir mit anderen arbeiten –, können wir sie durchgehen, wenn wir etwas erledigt haben wollen, einen neuen Job oder eine Position besetzen oder ein Projekt durchführen. Um genau das tun zu können, falls sich die Notwendigkeit ergibt, führen viele Manager für jeden ihrer Mitarbeiter eine Liste.«
»Zum Beispiel eine Baumschaukel bauen!«, sagte Ruh aufgeregt.
»Genau«, sagte der Fremde. »Die Listen von Fertigkeiten erinnern uns an all die verschiedenen Dinge, die jeder von uns kann, und so wissen wir, wer bei den anstehenden neuen Projekten am besten welche Funktion übernimmt.«

Der Fremde hatte sich die einzelnen Listen angesehen, während er sprach. Er blieb vor der von Tieger stehen, die mittlerweile nur noch schwer zu lesen war, weil Tieger die ganze Zeit ungestüm darauf herumgesprungen war, während Ferkel ihm geholfen hatte, sie zu schreiben. Aufgelistet waren alle Fertigkeiten, die auch auf den Listen der anderen standen, einschließlich »Honig essen«.

»Tieger«, sagte der Fremde, »essen Tieger wirklich gern Honig?«

»Oh ja«, sagte Tieger. »Honig essen können Tieger am besten.«

»Bist du sicher?«, fragte der Fremde. »Irgendwie hab ich das anders in Erinnerung.«

»Das stimmt«, sagte Pu. »Es gibt sogar ein Gedicht darüber.« Und schon sagte er es auf:

»Was machen wir nur mit dem Tieger-Vieh?
Wenn es nie etwas isst, dann wächst es auch nie.
Disteln, Honig und Heicheln, die mag er nicht.
Teils weil es nicht schmeckt, und teils weil es sticht.
Und alles, was einem Tier gut schmeckt,
hat den falschen Schluck- oder Stacheleffekt.«

»Wichtig ist, dass ihr bei der Auflistung eurer Fertigkeiten realistisch seid«, sagte der Fremde. »Listet nur solche auf, bei denen ihr sicher seid, dass ihr sie auch wirklich ausführen könnt.«

Tieger blickte ausgesprochen gestüm drein.

»Leider verstehe ich immer noch nicht, wie wir die Fertigkeiten-Bestandsaufnahme anwenden sollen«, sagte Pu.
»Dann bauen wir eben eine Baumschaukel, vielleicht ist das besser als meine Erklärung«, sagte der Fremde. »Helft ihr alle mit?«
»Oh ja!«, riefen alle.
»Gut. Bevor wir anfangen, müssen wir wissen, welche Ressourcen wir brauchen, und zwar was die Materialien und Fertigkeiten betrifft.«
»Das ist auch etwas, was ich nicht verstehe«, sagte Pu. »Woher weiß man denn, wie viel man braucht, was die Ressourcen betrifft?«
»Ihr veranschlagt, was ihr braucht. Eine Veranschlagung ist eine Art Schätzung. Wenn ihr schon mal so was gemacht habt, könnt ihr ziemlich richtig liegen. Wenn ihr euch vertut, müsst ihr eure Veranschlagung ändern und während der Arbeit mehr oder weniger Ressourcen anfordern.«
»Aha«, sagte Pu. »Ich kann ziemlich gut schätzen.«
»Ich schätze, es regnet, wenn die Schaukel fertig ist«, sagte I-Ah.
»Was für Ressourcen brauchen wir?«, fragte Ferkel.
»Ich habe schon mal Schaukeln gebaut«, sagte der Fremde, »daher kann ich eine recht gute Veranschlagung machen. Wir müssen einen Baum aussuchen, dann ein etwa zehn Meter langes, starkes Seil und ein Brett besorgen, das zirka zwanzig Zentimeter breit, gut zwei Zentimeter dick und knapp sechzig Zentimeter

lang ist. Wir müssen uns den besten, stärksten Ast suchen, an dem wir die Schaukel aufhängen können; dann binden wir das Seil an den Ast und an das Brett, und anschließend müssen wir testen, ob die Schaukel sicher ist.«

»Das hört sich nach ganz schön viel Arbeit an«, sagte Pu und hielt nach einer kleinen Erfrischung Ausschau, falls das Bauen der Schaukel zu lange dauern würde.

»Ich schätze, bei den Fertigkeiten, die wir haben, wird es gar nicht lange dauern. Ich würde sagen, wir haben sie aufgehängt, bevor es Zeit für den Tee ist. Dann können wir unseren Erfolg mit einem kleinen Mund voll feiern.«

Gut!, dachte Pu. Jetzt verstehe ich, wie man abschätzt, was für Ressourcen man braucht. Man braucht genug, um rechtzeitig zum Tee und zu einer kleinen Erfrischung fertig zu sein. Er überlegte einen Moment lang. Und man braucht die Ressourcen für den Tee und die kleine Erfrischung.

Bevor er alle entscheiden ließ, wessen Fertigkeiten für die Durchführung der jeweiligen Teile des Projektes am besten geeignet waren, änderte der Fremde Tiegers Liste dahingehend, dass sie seine speziellen Fertigkeiten (»ungestüm herumspringen« und »hoch, aber nicht runterklettern« blieben stehen) realistischer widerspiegelte, und dann sahen sich alle die Listen an und erörterten, wer für was am besten in Frage kam. Der Fremde erklärte, ein Einzelner könne diese Entscheidung natürlich allein treffen, wenn aber eine Gruppe beteiligt sei, sollten auch alle Mitglieder der

Gruppe hinzugezogen werden. Das hatte den Vorteil, dass es für alle eine Übung war, wie man mit der Fertigkeiten-Bestandsaufnahme arbeitete.
Nach eingehender Diskussion erhielt Ferkel die Aufgabe, das Seil und ein Brett zu besorgen, weil es Fertigkeiten im Jagen besaß. (Ferkel fiel ein großer Stein vom Herzen, dass es nicht damit betraut worden war, einem Heffalump eine Falle zu stellen.) Es trottete vor sich hin summend davon.
Tieger und Ruh sollten den richtigen Baum mit einem geeigneten Ast auswählen, weil sie flink große Strecken zurücklegen konnten, wenn Ruh auf Tiegers Rücken ritt.
Zu den Fertigkeiten des Fremden zählte es, Knoten an Schaukeln zubinden, daher wurde ihm diese Aufgabe zugewiesen; er sollte jedoch spezielle Knoten verwenden, die den Baum nicht verletzten und darüber hinaus nicht aufgingen.
Sobald der Baum und der Ast ausgesucht worden waren, sollte I-Ah dafür sorgen, dass der Bereich direkt unter der Schaukel und in einer angemessenen Entfernung drum herum (der Fremde hielt drei Meter für ausreichend) frei von Disteln und Stechginsterbüschen und sonstigen stacheligen Sachen war.
Eule war für den Nachrichtendienst zuständig, falls einer erforderlich war, was nicht zutraf, und sie sollte auch Ausschau nach Individuen halten, die mit Ressourcen zurückkamen (vor allem Ferkel), falls sie Hilfe benötigten.

Weil Pu in etwa das richtige Maß an Beleibtheit hatte und über die Fertigkeit verfügte, neue Sachen zu probieren, sollte er den Prüfer spielen, sobald die Schaukel aufgehängt war.
Känga sollte die Gesamtaufsicht führen und sich außerdem als Krankenschwester und für erste Hilfe in Bereitschaft halten, wozu sie als einzige Mutter vor Ort prädestiniert war.
Schneller, als alle gedacht hätten, war die Baumschaukel fertig. Der Fremde überprüfte noch einmal seine Knoten, und, als er sicher war, dass sie halten würden, trat er zurück und signalisierte Pu, dass es an der Zeit war, den Test durchzuführen.
Mit angehaltenem Atem schauten alle zu, wie sich Pu auf die Schaukel setzte und dann vor und zurück schwang, höher und höher, bis es aussah, als würde er fast die Wolken berühren.
»Und wenn sie nicht hält?«, fragte Ferkel, das jeden Augenblick damit rechnete, dass das Seil riss und Pu geradewegs aus dem Wald geschleudert würde. Aber es hielt.
Nachdem Pu die Schaukel gründlich geprüft hatte, kamen die anderen dran, und sogar der Fremde setzte sich drauf und schaukelte nach Herzenslust.
Der Fremde, der fast so hoch schwang wie Pu bei seinem Test, ließ die Seile los, als die Schaukel den höchsten Punkt erreicht hatte, und wurde vom Sitz katapultiert. Er flog und flog, segelte im hohen Bogen durch die Luft. Ferkel sah als Erstes, wo er landen würde, und rief: »Oh nein! Oh nein! Anhalten!«

Doch so sehr Ferkel auch rief, der Fremde flog weiter, über eine Reihe von Büschen hinweg und auf eine Stelle mit dicken Disteln zu, rund sechs Meter von der Schaukel entfernt.
»*Auuuuaaaa!*«, schrie der Fremde und stand ganz, ganz vorsichtig auf.
»Ich weiß, wie du dich fühlst«, sagte Pu, der Trost spenden wollte. »Das ist mir auch mal passiert. Auf eine Distel fallen, meine ich.«
Die anderen, einschließlich Känga, die bereit war, ihren Krankenschwester- und Erste-Hilfe-Pflichten nachzukommen, eilten zu dem Fremden.
Bis auf seine angekratzte Würde und einige Kletten und Stacheln an den verschiedensten Stellen war der Fremde zum Glück unversehrt. »Ich wollte abspringen und auf den Füßen landen«, erklärte er.
»Ich schätze, ›abspringen und landen‹ gehört dann wohl nicht auf deine Liste mit Fertigkeiten«, sagte Ruh.
Der Fremde schmunzelte. »Nein, und ich schätze, ›veranschlagen‹ streiche ich auch. Ich hatte gedacht, eine distelfreie Zone von drei Metern würde reichen.«
I-Ah blickte auf die Stelle, wo der Fremde gelandet war, und schüttelte traurig den Kopf. »Du hast den Disteln keinen Gefallen getan«, sagte er. »Ich habe es schon hundertmal gesagt, sie werden nicht besser davon, dass man auf ihnen sitzt. Das nimmt ihnen die ganze Frische. Ich hätte wohl auch gewisse Individuen daran erinnern müssen« – I-Ah blickte den Fremden finster an – »dass es noch schlimmer ist, wenn man aus großer

Höhe auf sie draufspringt. Erst recht, wenn das Individuum sich nach der Landung auch noch auf ihnen wälzt. Man versucht, an alles zu denken, aber es ist schwierig.«

»Tut mir Leid, I-Ah«, sagte der Fremde und zog Stacheln aus empfindlichen Körperteilen. »Du kannst dir nicht vorstellen, wie sehr es mir Leid tut. Wie dem auch sei – haben wir jetzt einiges über Ressourcen und den Nutzen einer Fertigkeiten-Bestandsaufnahme gelernt, so dass wir in Zukunft leichter ein Projekt oder die Schritte in einem Plan durchführen können?«

»Ja«, riefen alle im Chor, bis auf Pu, der den Picknickkorb anschaute und sagte: »Und wir sind gerade rechtzeitig zum Tee und für kleine Erfrischungen fertig. In diesem Punkt war deine Veranschlagung sehr gut.«

»Da hast du Recht, Pu Bär. Aber da ich direkt nach dem Tee und den Erfrischungen weg muss, könnten wir vielleicht noch einmal zusammenfassen, worüber wir heute gesprochen haben, während du die Ess-Sachen auspackst?«

Pu war begeistert, und alle anderen setzten sich im Kreis vor den Baum, nahe der Schaukel, die von einer sanften, durch den Wald wispernden Brise sachte vor- und zurückgeschwungen wurde.

»Heute«, begann der Fremde, »haben wir diverse Arten von Ressourcen kennen gelernt, die wir zur Ausführung von Plänen auf dem Weg zu unserem Ziel, erfolgreich zu sein (wie auch immer jeder von uns das Ziel definiert) gebrauchen können. Wir haben über Geld und Zeit gesprochen und erfahren, dass beides austauschbar ist. Wir haben außerdem darüber gesprochen, wie wichtig Wissen ist und dass wir es häufig erlangen können, indem wir jemanden fragen, der sich auskennt, oder Bücher oder sogar neue Technologien wie das Internet heranziehen. Wir haben gelernt, wie sich das ganze Spektrum der Fähigkeiten eines Einzelnen oder einer Gruppe einschätzen lässt, indem man eine Fertigkeiten-Bestandsaufnahme macht.«

Der Fremde hielt inne, um in einen kleinen Kuchen mit rosa Zuckerguss zu beißen. »So. Habe ich irgendwas vergessen, was wir noch gelernt haben?«

»Wie man eine Schaukel baut«, quiekte Ruh.

»Wie man nicht aus großer Höhe auf eine Distel fällt, müssen wir noch lernen«, fügte I-Ah hinzu. »Und wie man sich nach der Landung nicht hin- und herwälzt und wie man an der Fertigkeit des Veranschlagens arbeitet.«

»Ausgezeichnet, I-Ah«, sagte der Fremde, stand auf und nahm seinen Rucksack und den Picknickkorb, den

Pu netterweise ausgepackt hatte. »Darüber sprechen wir morgen. Dann lernen wir, wie wir unsere Fertigkeiten und Fähigkeiten verbessern und wie und wann wir uns neue aneignen können.«
Der Fremde verließ den Kreis. Als er am Rand des Waldes war, drehte er sich um und winkte. »Danke für eure Hilfe. Wir treffen uns morgen um zehn Uhr zum kleinen Frühstück an der Sandkuhle.«
Sobald der Fremde zwischen den Bäumen verschwunden war, sagte Pu: »Wenigstens hat er nicht ›bald zurück‹ gesagt, und er hat ›das kleine Frühstück‹ erwähnt, was viel versprechend ist.«
»Juchhuuuu!«, kreischte Ruh und schwang sich hoch in den Himmel hinauf.

KAPITEL 6

In welchem vielleicht ein schreckliches Heffalump in der Sandkuhle gefangen ist, das Erlernen und Verbessern von Fertigkeiten und Fähigkeiten erörtert wird und der Fremde einen Birdie schafft

Pu und Ferkel hatten sich verspätet. Zumindest glaubten sie das, denn sie wussten nicht mehr, ob der Fremde sich mit ihnen um Viertel *vor* oder Viertel *nach* zehn an der Sandkuhle verabredet hatte.

»Ich glaube, wir kommen zu spät, Pu«, sagte Ferkel.

»Wir kommen erst zu spät, wenn wir da sind und es schon angefangen hat«, erwiderte Pu.

Pu beeilte sich nicht gern. Wenn man sich beeilte, kam man gar nicht dazu, sich im Hundertsechzig-Morgen-Wald all die Sachen anzusehen, die so interessant waren, wenn man sich nicht beeilte. Und man kam ganz bestimmt nicht dazu, eins von seinen Gesummen zu üben oder sich neue auszudenken. Er versuchte, sich ein Gesumm über Eile auszudenken, aber vergebens, weil Ferkel ständig »Ach, wir müssen schneller gehen!« und »Gleich sind wir da!« oder dergleichen sagte.

Ferkel flitzte voraus und lief schnurstracks in etwas Großes und Graues hinein und blieb vor der Sandkuhle stehen.

Pu rannte direkt in Ferkel hinein, und sie alle – Pu, Ferkel und das graue Etwas – fielen übereinander.
»Hätte ich mir doch denken können«, sagte das graue Etwas. »Mal wieder typisch, dass ich ausgerechnet da stehe, wo der Zug durchkommt.«
»I-Ah!«, rief Ferkel.
»I-Ah!«, rief Pu, und sie rappelten sich auf und klopften sich den Staub ab.
»Natürlich bin ich es. Wer soll es denn sonst sein? Und außerdem ...« I-Ahs Stimme erstarb, als sie alle gleichzeitig aus der Sandkuhle etwas Merkwürdiges vernahmen.
Zuerst ertönte ein Wutsch. Dann flog ein Sandregen über den kleinen Hügel, der ihnen die Sicht auf den größten Teil der Kuhle versperrte. Dann folgte eine Art lautes, ächzendes, stöhnendes Geräusch.
Wutsch! Wieder ein Sandregen. »Ooooohh!«
Nach etwa zehn Sekunden, wutsch! Wieder ein Sandregen. »Ooooohh!«
»Was kann das sein?«, flüsterte Ferkel.
»Ich weiß nicht«, sagte Pu.
Wutsch! Wieder ein Sandregen. »Ooooohh!«
»Wahrscheinlich ein kleines Erdbeben«, sagte I-Ah.
»Ich hoffe, es ist kein Heffalump«, sagte Ferkel, und es schluckte schwer, während es sich zu erinnern versuchte, wie genau man »Aha« sagen sollte, wenn sie auftauchten, damit sie wussten, dass man wirklich keine Angst hatte.
»Wenn es aber doch ein Heffalump ist«, sagte Pu, »dann steckt es vielleicht in der Falle.«

»Und ist auch verletzt!«, quiekte Ferkel. »Und ein gefangenes und verletztes Heffalump ist am gefährlichsten. Und es ist wahrscheinlich so verzweifelt, dass es nicht mal hört, wenn man »Aha« sagt, und nicht so reagiert, wie es das normalerweise tun würde.«

»Vielleicht sollten wir nachsehen«, sagte Pu.

Wutsch! Wieder ein Sandregen. »Ooooohh!«

»Lieber nicht, Pu«, sagte Ferkel. »Was, wenn es nicht vollständig in der Falle steckt? Was, wenn es nur etwas in der Falle steckt? Wenn es uns sieht, befreit es sich vielleicht und …« An dieser Stelle ging Ferkels Fantasie mit ihm durch, und es konnte nur noch dastehen und bibbern.

»Wenn doch nur Eule hier wäre«, sagte Pu.

»Habe ich da eben meinen Namen gehört?«, fragte Eule, die just in diesem Augenblick herbeigeflogen kam.

»Eule!«, rief Pu. »Bin ich froh, dass du da bist. Wir brauchen deine Hilfe.

»Tja, ich umflog gerade dasss Koniferenwäldchen, alsss ich einesss lauten und besorgnissserregenden Geräuschesss gewahr wurde …«

Wutsch! Wieder ein Sandregen. »Ooooohh!«

»Eule«, sagte Pu, »wir glauben, dass ein Heffalump in der Sandkuhle steckt, und da wir nicht nachsehen möchten–«
»–aus Angst, es könnte sich befreien«, fügte Ferkel hinzu.
»–kam mir die Idee, du könntest vielleicht drüberfliegen und nachsehen, wie groß das Heffalump ist und ob es vollständig oder bloß etwas in der Falle steckt.«
»Mit Vergnügen«, sagte Eule. Und mit schwirrenden Flügeln flog sie hoch über den kleinen Hügel, kreiste zweimal und kam dann zu der Stelle zurück, wo die drei warteten.
Eule keuchte und schnaufte, als sie landete. »Schnauf ... nicht, wasss ihr denkt ... schnauf, schnauf ... kein Heffalump ... schnauf, schnauf ... Fremder ... schnauf, schnauf ... nicht allein ...«, war alles, was sie herausbekam.
»OOOOhhh!«, rief Ferkel. »Es ist kein Heffalump. Es ist fremder als ein Heffalump. Es muss ein Balzrück sein! Ein gesprenkeltes, krautartiges Balzrück! Und es ist nicht allein!« Sogleich fing Ferkel an hin- und herzulaufen, wohl weil es sich nicht entscheiden konnte, welche Richtung ihm die beste Fluchtmöglichkeit bieten würde.
»Hätte ich mir doch denken können«, sagte I-Ah, der sich still in sein Schicksal fügte. »Das ist jetzt so ihre Jahreszeit, wisst ihr.«
»Moment!«, unterbrach ihn Pu. »Eule will noch was sagen!«

Wutsch! Wieder ein Sandregen. »Oooooh!«
»Ich habe, schnauf, schnauf«, sagte Eule, »gesagt, dassssss esss kein Heffalump issst, schnauf, schnauf, esss issst der Fremde, schnauf, schnauf, und er issst nicht allein, schnauf, schnauf. Ruh issst bei ihm.«
»Und es ist ungefährlich?«, fragte Ferkel.
»Vollkommen«, erwiderte Eule.
Und schon gingen Pu, Ferkel, I-Ah und Eule um den kleinen Hügel herum zum Rand der Sandkuhle und blickten hinein. Der Fremde stand da, eine lange Metallstange in den Händen, und Ruh war hinter ihm. Offenbar versuchte er, einen kleinen, runden weißen Stein mit der Stange zu treffen, verfehlte ihn aber, und ein Sandregen spritzte über den Hügel.
Wutsch! Wieder ein Sandregen. »Oooooh!«
Der Fremde war offenbar auch derjenige, der stöhnte.
»Hallo!«, rief Pu.
»Ah! Hallo!«, sagte der Fremde. »Da seid ihr ja. Ich hab auf euch gewartet.«

»Hi, Pu! Hi, Ferkel! Hi, I-Ah!«, rief Ruh.
»Was macht ihr da?«, fragte Pu.
»Wir dachten, ihr seid ein Heffalump«, sagte Ferkel. »Ein etwas in der Falle steckendes und gefährliches Heffalump.«
»Heute wollen wir doch darüber sprechen, wie man neue Fertigkeiten erwirbt und bewahrt«, sagte der Fremde, »deshalb hab ich mir gedacht, ich zeige euch, wie wichtig Üben ist.«
»Aber was übst du denn da?«, fragte Pu.
»Wie ihr wisst, haben wir am Anfang darüber gesprochen, dass ihr eure Ressourcen abschätzen sollt. Eine Ressource, die wir erörtert haben, waren die Fertigkeiten, die ihr bereits habt. So nützlich das auch ist, es kann immerhin sein, dass ihr euch ein Ziel setzt, das Fertigkeiten verlangt, die ihr *nicht* habt. In diesem Fall müsst ihr euch die Fertigkeiten aneignen, damit ihr euer Ziel erreichen könnt.« Der Fremde stellte sich wieder vor den kleinen, weißen Stein, holte plötzlich weit mit der Stange aus und ließ sie mit Schwung nach unten schnellen. Wutsch! Wieder ein Sandregen. »Ooooohh!«, sagte der Fremde.
»Ihr seht«, sagte er, »es gibt Fertigkeiten, die sehr viel Übung verlangen, wenn man ein Experte werden will.«
»Was ist ein Hexpährte?«, fragte Ferkel.
»Aber was übst du denn?«, fragte Pu erneut.
»Esss issst ganzzz offensichtlich«, sagte Eule, »dassssss er wiederholt versucht, dasss weißßße Sssphäroid zzzu trefffen, um esss ausss der Sandkuhle zzzu entfernen,

offensichtlich eine Derivatttion desss antiken römischen Spielsss *paganica*. Dasss heißßt, er spielt Golf.«
»Wolf?«, fragte Ferkel.
»Golf«, sagte I-Ah. »Genau mein Spiel. Mit einem Stock einen sehr kleinen Ball durch die Landschaft zu dreschen, bis er in ein Loch fällt und man ihn nicht mehr sehen kann.«
»Ja«, sagte der Fremde. »Golf ist ein Spiel, bei dem man einen kleinen Ball mit einem Schläger wie diesem hier schlägt«, sagte er und hielt die Metallstange hoch. »Ausgangspunkt ist der Abschlag, der Tee genannt wird, und Ziel ist es, den Ball in ein kleines Loch zu spielen, in dem ein Fähnchen steckt. Wenn man gut ist, trifft man *Birdies* und *Eagles*.«
»Das ist«, sagte Pu, »aber kein Spiel nach meinem Geschmack. Kleinen Vögeln wehzutun.«
»Nein, nein, nein«, sagte der Fremde lachend, »das hast du missverstanden. Ein *Birdie* ist kein kleiner Vogel, sondern nur ein Spitzname; man benutzt ihn, wenn es einem gelingt, den Ball mit weniger Schlägen in ein Loch zu spielen, als ein geübter Spieler braucht ...« Der Fremde bemerkte den glasigen Ausdruck in Pus Gesicht und auch in dem von Ferkel. »Na ja, das ist eine lange Geschichte. Sprechen wir ausführlicher darüber, wie man seine Fähigkeiten verbessern kann. Manche Fertigkeiten«, fuhr der Fremde fort, »verlangen Übung, damit wir sie bewahren oder verbessern können. Ich habe meinen Golfschläger mitgebracht – «

»Glaubst du wirklich, dass er damit Vögel schlägt?«, fragte Ferkel Pu mit leiser Stimme.
»–um euch zu zeigen, wie ich versucht habe, mein Golfspiel zu verbessern; vor allen Dingen, den Ball aus dem Sand zu schlagen. Ich bin hier in die Sandkuhle gegangen, um den speziellen Schlag immer und immer

wieder zu üben, damit ich, wenn ich richtig spiele, besser spielen kann.«
»Sieht so aus, als müsstest du noch tüchtig üben«, sagte I-Ah und beäugte den kleinen weißen Ball, der halb im Sand vergraben war.
»Und dazu«, sagte der Fremde, »müsst ihr, wenn ihr euren Plan entwerft, Zeit zum Üben von Fertigkeiten einbauen. Wenn ihr eine neue Fertigkeit erwerben wollt, bezieht das Üben in den Plan ein. Auf diese Weise tragt ihr der Tatsache Rechnung, dass das Erwerben der Fertigkeiten einige Zeit in Anspruch nimmt und dass Üben fester Bestandteil des Plans ist, um euch die Fähigkeit anzueignen.«
»Wie Summen«, sagte Pu. »Ein neues Gesumm kommt einem nicht immer einfach so in den Sinn, wie es sein sollte. Aber nach ein paar Versuchen scheint es sich zu

entscheiden, wie es werden wird, und dann macht es das. Einem in den Sinn kommen, meine ich.«

»Das stimmt, Pu«, sagte der Fremde. »Du übst deine Gesumme, damit sie dir besser in den Sinn kommen. Wenn man eine Fertigkeit erwerben oder eine vorhandene bewahren möchte, ist es auch wichtig, zielgerichtet zu üben. Zielgerichtet üben heißt, dass ihr jedes Mal, wenn ihr die Aktivität durchführt, die Absicht verfolgt, besser zu werden. Entweder, indem ihr an einem bestimmten Teil der allgemeinen Fertigkeiten arbeitet, oder, indem ihr versucht, *einen* Teil der Fähigkeit zu verbessern. Ohne eine bestimmte Absicht zu üben ist zwar nicht schlecht, aber nicht so effektiv wie, wenn ihr kleine Verbesserungsschritte plant und euch Ziele setzt. Auf diese Weise könnt ihr jedes Mal, wenn ihr übt, Fortschritte machen, bis ihr irgendwann die Fertigkeit beherrscht, die zum Erreichen eures Zieles erforderlich ist.«

»Wie oft sollen wir denn üben?«, fragte Ruh.

»So oft ihr könnt«, antwortete der Fremde. »Denn je schneller ihr euch die erforderliche Fertigkeit aneignet, ob es sich darum handelt, eine Sprache oder Buchführung zu lernen oder einen Golfball zu treffen, desto früher könnt ihr die Fertigkeit anwenden, um euer Ziel zu verwirklichen. Es gibt noch einen wichtigen Punkt: Wenn ihr eine Fertigkeit oder Fähigkeit erworben habt, könnte es sein, dass ihr merkt, dass ihr weiterhin was daran tun müsst, um in Übung zu bleiben. Ihr solltet also unbedingt Zeit einplanen, um diese notwendigen Fertigkeiten weiter zu üben.«

»Ich glaube, ich muss jetzt wieder mal meinen Speiseschrank durchsehen«, sagte Pu, der ganz plötzlich hungrig war, als hätte er das kleine Frühstück völlig verpasst.
»Zum Beispiel«, sagte der Fremde, »ich weiß noch, wie du, Ferkel, und Pu in eine Grube gefallen seid, als ihr Klein gesucht habt. Und ihr hattet Angst, es könnte ein Heffalump zusammen mit euch in der Grube sein. Und deshalb habt ihr angefangen zu üben, was ihr tun könntet, wenn ihr einem Heffalump begegnen würdet.«

»Was passiert, wenn das Heffalump kommt?«, fragte Ferkel bebend, als es die Nachricht gehört hatte.
»Vielleicht wird es *dich* nicht bemerken, Ferkel«, sagte Pu aufmunternd, »denn du bist ein sehr kleines Tier.«
»Aber *dich* wird es bemerken, Pu.«
»Es wird *mich* bemerken, und ich werde *es* bemerken«, sagte Pu, der dies gründlich durchdachte. »Wir werden einander längere Zeit bemerken, und dann wird es sagen: ›Ho-*ho*!‹«

Beim Gedanken an dieses »Ho-*ho*!« schauderte es Ferkel ein bisschen und seine Ohren begannen zu zucken.
»W-was wirst *du* sagen?«, fragte es.
Pu versuchte sich etwas auszudenken, was er sagen könnte, aber je mehr er dachte, desto mehr fand er, dass es keine rechte Antwort auf ein ›Ho-*ho*!« gibt, wenn es von einem Heffalump gesagt wird, noch dazu mit der Stimme, mit der dies Heffalump es sagen würde. »Ich werde gar nichts sagen«, sagte Pu schließlich. »Ich werde einfach vor mich hin summen, als wartete ich auf etwas.«
»Dann sagt es vielleicht wieder ›Ho-*ho*!‹, gab Ferkel zu bedenken.
»Ganz bestimmt«, sagte Pu.
Ferkels Ohren zuckten so heftig, dass es sich mit den Ohren gegen die Wand der Falle lehnen musste, um sie ruhig zu halten.
»Es wird es wieder sagen«, sagte Pu, »und ich werde weitersummen. Und das wird es aus der Fassung bringen. Denn wenn man zweimal ›Ho-*ho*!‹ sagt, so irgendwie hämisch, und der andere, zu dem man es sagt, summt nur, dann findet man plötzlich, wenn man es gerade zum dritten Mal sagen will, dass … dass … Dann findet man …«
»Was?«
»Dass es nicht ist«, sagte Pu.
»Was nicht ist?«

Pu wusste, was er meinte, aber da er ein Bär von sehr wenig Verstand war, fielen ihm die Worte nicht ein.
»Na ja, dass es eben nicht ist«, sagte er wieder.
»Du meinst, dass es nicht mehr ho-*ho*-ig ist?«, fragte Ferkel hoffnungsfroh.
Pu sah Ferkel bewundernd an und sagte, das sei genau, was er gemeint habe – wenn jemand die ganze Zeit summte, denn man konnte ja schlecht *ständig* »ho-*ho*!« sagen.
»Aber es wird etwas anderes sagen«, sagte Ferkel.
»Genau. Es wird sagen: ›Was ist *das* denn?‹ Und dann werde *ich* sagen – und diese Idee, auf die ich gerade gekommen bin, Ferkel, ist wirklich sehr gut –, *ich* werde sagen: ›Das ist eine Falle für ein Heffalump, welche ich gebaut habe, und nun warte ich darauf, dass das Heffalump hineinfällt.‹ Und dann werde ich weiter summen. Das wird es verstören.«
»Pu!«, schrie Ferkel, und nun war es selbst mit Bewundern an der Reihe. »Du hast uns gerettet!«
»Wirklich?«, fragte Pu, der nicht so sicher war.
Aber Ferkel war ganz sicher; und im Geiste sah es alles schon vor sich, und es sah, wie Pu und das Heffalump miteinander sprachen, und plötzlich dachte es, und das dachte es ein bisschen traurig, dass es doch ziemlich schön gewesen *wäre*, wenn Ferkel und das Heffalump so

großartig miteinander gesprochen hätten, Ferkel und nicht Pu, sosehr es Pu auch liebte; denn es hatte ja wirklich mehr Verstand als Pu, und das Gespräch würde ja auch besser verlaufen, wenn es die eine Hälfte davon bestritte, es, Ferkel, und nicht Pu, und danach an den langen Abenden wäre es beruhigend, auf den Tag zurückzublicken, als es einem Heffalump so patzige Antworten gegeben hatte, als wäre das Heffalump gar nicht da. Es kam ihm jetzt so einfach vor. Es wusste genau, was es sagen würde. [...]

»Das ist sehr gut, Ferkel«, sagte der Fremde.
»Mit einem schrecklichen Heffalump zu sprechen?«, fragte Ferkel.
»Nein. Es ist sehr gut, dass du so getan hast, als *würdest* du mit einem schrecklichen Heffalump sprechen. Rollenspiele eignen sich ausgezeichnet, um bestimmte Dinge zu üben«, sagte der Fremde und tätschelte Ferkel den Rücken.
»Und sind viel gefahrloser als richtiges Spielen«, sagte Ferkel stolz.
»Es lebe Ferkel!«, rief Ruh.

HEFFALUMP *(hämisch)*: »Ho-*ho*!«
FERKEL *(unbekümmert)*: »Tral-la-la, tral-la-la.«
HEFFALUMP *(erstaunt und nicht mehr ganz so selbstsicher)*: »Ho-*ho*!«

FERKEL *(noch unbekümmerter)*: »Tidelum-tum, tidelum-tum.«

HEFFALUMP *(zu einem Ho-ho ansetzend, stattdessen aber verlegen hüstelnd)*: »H'r'm! Was ist *das* denn?«

FERKEL *(überrascht)*: »Hallo! Das ist eine Falle, die ich gebaut habe, und nun warte ich darauf, dass ein Heffalump hineinfällt.«

HEFFALUMP *(schwer enttäuscht)*: »Oh!« *(Nach langem Schweigen)*: »Bist du sicher?«

FERKEL: »Ja.«

HEFFALUMP: »Oh!« *(nervös)*: »Ich ... Ich dachte, es wäre eine Falle, die *ich* gebaut habe, um Ferkel zu fangen.«

FERKEL *(überrascht)*: »Aber nein!«

HEFFALUMP: »Oh!« *(begütigend)*: »Dann ... Dann muss ich es falsch verstanden haben.«

FERKEL: »Das fürchte ich auch.« *(höflich)*: »Tut mir Leid.« *(Es summt weiter.)*

HEFFALUMP: »Tja ... Äh ... Ich ... Äh. Dann gehe ich wohl am besten wieder weg, oder?«

FERKEL *(unbekümmert nach oben blickend)*: »Jetzt schon? Nun, wenn du Christopher Robin irgendwo siehst, kannst du ihm vielleicht ausrichten, dass ich ihn sprechen möchte.«

HEFFALUMP *(jederzeit gern behilflich)*: »Gewiss! Gewiss!« *(Eilig ab.)*

PU *(der eigentlich nicht vorkommen sollte, ohne den es jetzt aber doch nicht geht)*: »Ach, Ferkel, wie tapfer und schlau du bist!«

FERKEL *(bescheiden)*: »Nicht der Rede wert, Pu.« *(Und dann, wenn Christopher Robin kommt, kann Pu ihm die ganze Geschichte berichten.)*

»Indem du geübt hast, was du tust, wenn ein Heffalump auftaucht«, sagte der Fremde, »warst du darauf vorbereitet.«
»Aber es *ist* kein Heffalump aufgetaucht«, sagte Ferkel.
»Ja«, sagte Pu, aber du warst vorbereitet.
»Das stimmt«, sagte der Fremde. »Und solltest du die Fertigkeiten irgendwann mal wieder benötigen, kannst du sie dir viel einfacher aneignen.«
»Kann sein«, sagte Ferkel zögerlich, weil es daran dachte, wie schwierig es gewesen war, sich an die Fertigkeit zu erinnern, als es den Fremden für ein Heffalump gehalten hatte. »Aber ich glaube, ich müsste regelmäßig üben.«
»Wenn wir neue Fertigkeiten erwerben wollen«, sagte der Fremde, »müssen wir als Erstes klären, was das für Fertigkeiten und Fähigkeiten sind. Das geschieht normalerweise, nachdem wir das Ziel gesetzt haben und wir einen Plan entwerfen, um es zu erreichen. Da stoßen wir dann häufig auf einen Schritt in dem Plan, wo eine bestimmte Fertigkeit oder Fähigkeit es uns erleichtern würde, das Ziel zu erreichen. Eins *meiner* Ziele ist es, regelmäßig Sport zu treiben, und um das zu tun, spiele ich eben auch Golf. Und ein Wunsch von mir ist es, mein Golfspiel zu verbessern. Die Fertigkeiten und Fähigkeiten, die für mich wichtig sind, be-

stehen also darin, die unterschiedlichen Schläge beim Golf besser zu beherrschen, damit ich besser spielen kann.«

»Und deshalb übst du?«, fragte Ruh.

»Ja. Aber das ist nicht alles«, sagte der Fremde. »Sobald ihr festgelegt habt, welche Fertigkeiten ihr erwerben möchtet, solltet ihr herausfinden, welche Ressourcen zur Verfügung stehen. Wisst ihr noch, was wir über Ressourcen gesagt haben? Wir besorgen uns Informationen und Tipps, die uns helfen, die gewünschte Fertigkeit so schnell und so einfach wie möglich zu erwerben. Wir könnten zum Beispiel in eine Bibliothek oder eine Buchhandlung gehen, wo wir Hunderte von Lehrbüchern über Golf finden. Wir könnten auch einen Golfkurs belegen oder uns privat jemanden suchen, der gut Golf spielt und bereit ist, uns zu helfen. Ob wir uns Informationen aus dem Internet oder aus einem Buch besorgen oder uns von einem Freund helfen lassen, es geht darum, die verschiedenen zur Verfügung stehenden Ressourcen ausfindig zu machen und zu nutzen, um die Fertigkeit zu erlernen, die uns interessiert.«

»Was ist ein Internet?«, fragte Pu.

»Weißt du nicht mehr, Pu?«, flüsterte Ferkel. »Das ist doch dieses riesige, spinnennetzige Ding, von dem er mal erzählt hat.«

»Esss issst ein vielknotigesss, asynchronesss Informatttionsssnetzzzwerk, dasss Zzzugang zzzum Wissssssen anderer Teilnehmer ermöglicht«, sagte Eule.

»Es ist die Informationsautobahn, Pu«, sagte der Fremde.
»Wie, die A1?«, fragte Ferkel, das eigentlich nicht wusste, was die A1 war, aber gehört hatte, dass es eine Autobahn war.
»So ungefähr«, sagte der Fremde, »aber das ist eine ganz andere Geschichte. Wenn wir eine neue Fertigkeit erwerben wollen, dürfen wir nicht vergessen, dass es bei vielen Fertigkeiten lange dauern kann, sie zu erwerben. Wir sollten realistisch einschätzen, wie lange es dauern könnte, und geduldig sein, was die Fortschritte angeht. Und genau wie bei unseren Plänen ist es häufig hilfreich, uns zu belohnen, wenn wir gewisse Etappen hinter uns gebracht haben oder wenn wir beim Üben Fortschritte machen.«
»Wenn man während eines Gesprächs die ganze Zeit sehr geduldig war und ruhig dagesessen hat«, sagte Pu, »und wenn man dann nach dem Gespräch wirklich das Gefühl hat, etwas gelernt zu haben, könnte man sich dann selbst damit belohnen, dass man zum Beispiel … etwas zu Mittag isst?«
»Na, das nenne ich eine ausgezeichnete Idee, Pu«, sagte der Fremde. »Und wenn du zu dem Baum da hinüberschaust, sieht du, dass ich einen Korb mit etwas für uns alle drin mitgebracht habe.«
»Essssst ruhig alle zzzu Mittag«, sagte Eule, »aber da ich gessstern Nacht lange aufgeblieben bin, um meine Lektüre nachzzzuholen – ich bin eher eine Nachteule, wissssst ihr –, werde ich, glaube ich, in dem Baum da

drüben ein Nickerchen machen.« Und sie flog los und setzte sich auf einen Ast in einem der Bäume des Waldes, der an die Lichtung bei der Sandkuhle grenzte. Der Fremde holte seinen Korb, und alle halfen, die Decke auszubreiten, die er mitgebracht hatte, und die Brunnenkresse-Sandwiches und die anderen Leckerbissen zu verteilen. Nachdem sich alle satt gegessen hatten, saßen sie auf der Decke und hörten dem Fremden zu.

»Heute haben wir besprochen, wie ihr neue Fertigkeiten erwerben oder vorhandene Fertigkeiten verbessern könnt, um einige von euren Zielen zu erreichen. Wir haben gesagt, dass manche Fertigkeiten Übung verlangen, wenn ihr sie bewahren oder verbessern wollt, und dass ihr diese Übung in euren Plan und eure Zeitplanung einbauen müsst. Und wenn ihr dann eure Fertigkeiten übt, ist es hilfreich, mit Intention zu üben.«

»Und wenn Intention keine Lust hat?«, fragte Ferkel Pu.

»Wer?«, sagte Pu schläfrig, der nach dem üppigen Essen kaum zuhörte.

»Wieder mal Pech für mich«, sagte I-Ah, »ich kenne niemanden namens Intention.«

»Um eure Fertigkeiten zu bewahren«, fuhr der Fremde fort, »solltet ihr sie regelmäßig üben.«

»Für den Fall, dass man einem Heffalump begegnet«, sagte Ferkel.

»Und für jede neue Fertigkeit gilt«, sagte der Fremde, »sobald wir wissen, was für eine wir brauchen, erkunden wir, welche Ressourcen zur Verfügung stehen, und nutzen sie, um die Fertigkeit zu erwerben. Indem wir ein realistisches Übungskonzept aufstellen, das wir in unseren Plan integrieren, und indem wir uns für alle Teilerfolge belohnen, werden wir die gewünschte Fertigkeit erlernen und sie dann zur Erreichung unserer Ziele anwenden.«

»Hurra!«, sagte Ruh, das von der Rede des Fremden ganz aus dem Häuschen war.

»Danke, Ruh«, sagte der Fremde. »So, jetzt wollen wir mal sehen, ob sich mein Üben ausgezahlt hat.« Der Fremde stand auf, nahm seinen Golfschläger und ging zu dem Ball, der im Sand lag. »Also«, sagte er zu sich selbst. »Den Körper offen zum Ball ... Schlägerfläche offen ... nicht zu tief schlagen ...«

Die Tiere sahen gebannt zu, weil sie wussten, dass etwas Wichtiges passieren würde.

»... den Schläger etwa fünf Zentimeter vor den Ball halten und zielen ...« Und dann holte der Fremde weit mit dem Schläger aus und ließ ihn gegen den Ball schnellen.

Es machte laut wutsch.

Und wie zuvor spritzte Sand in die Luft.

Doch diesmal folgte kein Stöhnen, da der Fremde den Ball in die Luft katapultiert hatte. Sie sahen alle zu, wie der Ball aus der Sandkuhle segelte und in einem trägen Bogen auf die Bäume zuflog.

»Vorsicht!«, schrie Ruh, denn es hatte als Erstes erkannt, dass der Ball genau auf den Ast zusteuerte, auf dem Eule ihr Nickerchen hielt.

»*Achtung*!«, rief der Fremde.
Der Ball traf Eule leicht am Kopf, und da sie tief schlummerte, kippte sie vom Ast. Zum Glück wurde sie auf halbem Weg nach unten wach und schaffte es, sich mit flatternden Flügeln abzubremsen, so dass sie nicht allzu heftig aufschlug.
»Ein klares Ass«, sagte I-Ah, »mit einem Schlag eingeeult.«
»Und ein Birdie noch dazu«, sagte Ferkel.
Sie eilten alle zu Eule, um nach ihr zu sehen, stellten sie auf die Füße, bürsteten sie ab und inspizierten ihr Gefieder. Sie kamen zu dem Schluss, dass sie sich vielleicht die erforderliche Rückenmuskulatur gezerrt hatte, aber ansonsten wohlauf war. Sie kamen allerdings auch zu dem Schluss, dass der Fremde im Wald erst dann wieder Golf spielen sollte, wenn er ein bisschen mehr geübt hatte und das auch mit einer leicht anderen Intention.
Der Fremde entschuldigte sich und sagte, er müsse gehen, er habe noch allerhand zu tun, dass sie aber beim nächsten Mal über den letzten Schritt auf dem Weg zum Erfolg sprechen würden, nämlich wie man seine Zeit klug gestalte.
Der Fremde entschuldigte sich erneut bei Eule, die sagte, es gehe ihr gut und es gebe keinen Grund zur Besorgnis, und dann verabschiedete sich der Fremde und ging in Richtung Dorf davon.
»Ihr glaubt doch nicht, dass dieses Golf sich durchsetzt, oder?«, fragte Ferkel.
»Nie und nimmer«, sagte I-Ah. »Viel zu deprimierend.«

»So«, sagte Eule, »Zeit für den Tee, deshalb fliege ich nach Hause. Möchte jemand mitkommen?«

»Oh ja, furchtbar gern!«, sagte Ferkel, und auch Pu nickte. »Vielleicht können wir ja üben, Tee zu trinken, und dazu ein paar Kuchen und Honig zu essen.«

»Dann übe ich meinetwegen auch mit *Intention*«, sagte Pu.

KAPITEL 7

In welchem niemand sich am Honigbaum trifft,
um darüber zu sprechen,
wie man seine Zeit klug gestaltet,
und für Kaninchen wieder mal viel los ist

Der Fremde traf zur verabredeten Zeit am Honigbaum ein. Es war ein wunderschöner Morgen, und er hatte die frischen Düfte des Waldes genossen.

Als er am Treffpunkt ankam, war er nicht sonderlich überrascht, dass noch niemand da war. An einem so herrlichen Morgen waren seine Freunde sicherlich durch das eine oder andere abgelenkt worden und würden bald kommen.

Der Fremde hatte Recht, aber auch Unrecht.

Geraume Zeit später war noch immer niemand gekommen, um wie verabredet mit dem Fremden darüber zu sprechen, wie man seine Zeit klug gestaltet und warum auch das wichtig war, wenn man erfolgreich sein wollte. Doch dann hörte der Fremde auf einmal ein fernes, irgendwie summendes Geräusch aus Richtung des Hundertsechzig-Morgen-Waldes.

Der Fremde konnte nicht genau sagen, *was* da gesummt wurde, er war sich aber sicher, *wer* da summte.

»Pu!«, sagte der Fremde, als Pu schließlich in Sicht kam. »Da bist du ja!«

»Wirklich?«, entgegnete Pu und ging zu dem Fremden, der auf einem Stein saß.

»Ich meinte«, sagte der Fremde, »da bist du ja *endlich*. Erinnerst du dich, dass wir uns heute Morgen hier treffen wollten, um darüber zu sprechen, wie man seine Zeit klug gestaltet?«

»Ach ja«, erwiderte Pu, klang aber, als sei er sich dessen nicht allzu sicher. »Tut mir Leid, dass ich so spät komme, aber ich bin ...«

»Abgelenkt worden?«, fragte der Fremde.

»Ja. Genau. So was in der Art«, sagte Pu. »Schließlich ist es ein so herrlicher Tag und so weiter.«

»Na, wo bleiben denn wohl die anderen?«, fragte der Fremde. »Du hast ihnen doch gesagt, dass wir uns hier treffen, oder?«

»Ich hoffe. Ich meine, ich glaube, ja. Ich meine ... Lass mich nachdenken.« Und Pu setzte sich hin und dachte nach. Es war ein hartes Stück Arbeit, an diesem Morgen nachzudenken, kam ihm doch das Gesumm, das er gesummt hatte, immer wieder in den Sinn, während er sich zu erinnern versuchte, ob er alle gebeten hatte, daran zu denken, sich mit dem Fremden an einem Treffpunkt zu treffen, an den er sich nicht erinnern konnte. Aber dann fiel es ihm ein.

»Ich hab's!«, sagte Pu. »Jetzt weiß ich wieder, dass ich Kaninchen gebeten habe, allen zu sagen, dass wir uns hier treffen. Kaninchen war auf dem Weg zu Eules Haus, glaube ich. Es hat gesagt, es würde bei Ferkel vorbeischauen und dann zu Kängas Haus gehen, wo

Tieger und Ruh wären. Also habe ich ihm gesagt, es soll allen Bescheid geben. War das richtig?«

»Natürlich, Pu«, antwortete der Fremde. »Völlig richtig. Das ist ein gutes Beispiel für das Delegieren, das wir gelernt haben, als wir über Management gesprochen haben. Aber man sollte dann auf alle Fälle überprüfen, ob das, was man delegiert hat, auch ausgeführt wird.«

»Du glaubst doch nicht, das was passiert ist?«, fragte Pu.

»Ich glaube, *irgendwas* ist passiert«, sagte der Fremde.

Sie fanden, es wäre am besten, zu Kaninchens Haus zu gehen, um nachzusehen, was passiert war. Unterwegs trafen sie Ferkel, das sagte, nein, es habe Kaninchen seit zwei Tagen nicht gesehen, und *es* sei von dem Treffen nicht verständigt worden, und deshalb sammele es jetzt Heicheln, statt das zu tun, was auch immer es eigentlich hätte tun sollen. Es legte die paar Heicheln, die es gefunden hatte, in einem ordentlichen Häufchen vor den Stamm eines Baumes, wo es sie wiederfinden würde, und ging mit Pu und dem Fremden weiter zu Kaninchens Haus. Sie kamen an der Sandkuhle vorbei, wo Tieger und Ruh im Sand tollten. Auch sie hatten nichts von Kaninchen gehört und wussten nichts von dem Treffen. Alle zusammen setzten sie ihren Weg zu Kaninchens Haus fort.

Als sie eintrafen, sahen sie überrascht, dass eine große Anzahl von Kaninchens Bekannten-und-Verwandten im Gras verteilt vor der Tür des Hauses saß. Kaninchen eilte von einer Gruppe zur nächsten, und es sah aus, als würde es allen Tee servieren, denn bei jeder Gruppe waren auf dem Boden bunte Tücher ausgebreitet, und Kaninchen hatte einen Teller mit Brunnenkresse-Sandwiches und eine Kanne Tee in den Pfoten und bediente die Gruppen nacheinander. Und mitten unter ihnen saß I-Ah.

»Ich konnte nicht anders«, sagte I-Ah düster. »Als Heinrich Eilig bei mir zu Hause vorbeikam – er ist einer aus der Familie der Käfer, wisst ihr – und sagte, es würde einen Tee geben und Kaninchen habe dazu eingeladen, da konnte ich wohl kaum ablehnen.«

»Hallo, Kaninchen!«, sagte Pu, um dessen Aufmerksamkeit auf sich zu lenken, weil er hoffte, es wären noch genug Brunnenkresse-Sandwiches da.

»Nicht jetzt, Pu!«, sagte Kaninchen, als es vorbeiflitzte. »Siehst du nicht, dass ich alle Pfoten voll zu tun habe? Ich bin gleich bei dir, oder vielleicht kann ich später mit dir reden. Ja, genau. Ich schaue später bei dir zu Hause vorbei. Vielen herzlichen Dank, dass du gekommen bist. Bis dann!« Und wieder huschte es von einer Gruppe zur anderen.

»Aber Kaninchen!«, sagte Pu und sah den entschwindenden Sandwiches hinterher. »Du bist spät dran! Du warst doch mit uns verabredet.«

»Ich weiß, dass ich spät dran bin«, sagte Kaninchen, das jetzt mit einem entnervten Seufzer nachgab und wieder zu Pu und den anderen kam. »Und ich habe zu viel zu tun, um jetzt ein Schwätzchen zu halten.«

»Aber weißt du denn nicht mehr, dass du heute Morgen mit dem Fremden verabredet warst?«

»Jetzt, da du es erwähnst … Nein. Aber das ist auch nicht verwunderlich, wenn man so beschäftigt ist wie ich. Einfach nie genug Zeit, weißt du. Muss mich wieder um meinen Tee kümmern.«

»Dann weißt du wohl auch nicht mehr«, sagte Pu, »dass du allen Bescheid geben wolltest, zu dem Treffen mit dem Fremden zu kommen?«

»Wenn ich das gesagt habe«, erwiderte Kaninchen, »dann habe ich das auch ganz bestimmt getan.«

»Aber mir hast du nicht Bescheid gesagt!«, quiekte Ferkel.

»Mir auch nicht!«, sagte Tieger.

»Und mir auch nicht!«, sagte Ruh.

»Tja«, sagte Kaninchen, »dann muss ich es vergessen haben. Ihr könnt nun wirklich nicht erwarten, dass ich mich um alles kümmere. Und im Augenblick schon gar nicht, bei dem vielen Besuch und allem …«

»Vielleicht können wir dir helfen«, sagte der Fremde. »Wir wollten uns gerade hinsetzen und darüber reden, wie wichtig es ist, seine Zeit klug zu gestalten. Und ich habe den Eindruck, dass auch du davon profitieren könntest. Es ist ein ganz wichtiger Teil des Erfolgsrezeptes, und ich bin sicher, dass du mir später dafür dankbar sein wirst.«

»Aber ich kann wirklich nicht!«, sagte Kaninchen. »Ich habe jede Menge Besuch, und danach muss ich aufräumen, und dann wollte ich rüber zu Eules Haus, und dann … Ich habe einfach viel zu viel um die Ohren!«

»Aber in dem Gespräch lernst du, wie du deine Zeit effektiver organisieren kannst«, sagte der Fremde. »Wie du die Dinge, die unbedingt erledigt werden müssen, besser erledigen kannst.«

»Unmöglich«, sagte Kaninchen. »Ich habe viel zu viel zu tun, um effektiver zu werden.«

»Genau darum geht's ja«, sagte der Fremde. »Tieger? Ruh? Wärt ihr wohl so nett, Kaninchens Bekannte-und-Verwandte weiter zu bedienen, während wir ein bisschen darüber sprechen, wie man seine Zeit klug gestaltet?«

»Oh ja!«, sagte Tieger. »Bedienen können Tieger am besten.«

»Können wir auch zuhören?«, fragte Ruh.

»Natürlich«, sagte der Fremde.

Schließlich gab Kaninchen nach, und nachdem es eine große Decke aus seinem Haus geholt hatte, nahm es gemeinsam mit Pu und Ferkel und dem Fremden darauf Platz, während Tieger und Ruh mehr Tee und Sandwiches brachten, was Pu natürlich glücklich machte, und der Fremde das Gespräch eröffnete.

»Was ist Zeit?«, fragte der Fremde.

»Etwasss, zzzu deren rechten ich gerade noch gekommen bin«, sagte Eule, die aus der Richtung ihres Hause geflogen kam. »Ich habe von einem von Kaninchensss Bekannten-und-Verwandten, der früher gehen mussssste, erfahren, dassssss ihr euch zzzu einer Dissskussssssion versammelt. Ich habe mich sogleich auf den Weg gemacht, um Beistand zzzu leisssten.«

»Na, vielen Dank, Eule«, sagte der Fremde. »Wir haben gerade erst anfangen. Und zwar mit der Frage: ›Was ist Zeit?‹«

Niemand antwortete. Und Eule, die sich eben erst hingehockt hatte und umständlich herumrutschte, um die bequemste Position zu finden, tat so, als hätte sie die Frage nicht gehört.

»Schön, versuchen wir es mal so«, sagte der Fremde. »Was macht die Zeit?«

»Die Zeit verstreicht«, sagte Pu.

»Die Zeit rast«, sagte Ruh.
»Die Zeit vergeht wie im Fluge!«, quiekte Ferkel.
»Die Zeit steht still«, stöhnte I-Ah. »Wenn sie nicht weitergeht.«
»Sagt uns das, was Zeit ist?«, fragte der Fremde.
»Zeit ist das, was sich zwischen die Dinge drängt«, sagte Pu, »damit nicht alles auf einmal passiert.«
»Sehr gut, Pu«, sagte der Fremde. »Das hast du sehr interessant ausgedrückt. Also, viele Leute haben über Zeit-Management Bücher geschrieben und Theorien entworfen, und das Erste, was wir sagen sollten, ist, dass Zeit sich nicht managen lässt!«
Sie blickten einander an.
»Ich wiederhole, Zeit lässt sich nicht managen!«, sagte der Fremde.
Pu aß sein letztes Brunnenkresse-Sandwich, um möglichst bei Kräften zu bleiben, was, wie es jetzt schien, dringend erforderlich war.
»Warum … äh …«, stammelte Ferkel, »bist du dann hier?«
»Wie ihr vorhin gesagt habt«, erklärte der Fremde, »die Zeit vergeht wie im Flug, und sie verstreicht, und sie rast. Wir können die Zeit nicht kontrollieren, deshalb müssen wir die Art und Weise managen, wie wir die Zeit *nutzen*. Und deshalb sage ich gern ›seine Zeit klug gestalten‹ und nenne unser Thema nicht ›Zeit-Management‹. Seine Zeit klug zu gestalten bedeutet, die Zeit, die euch zur Verfügung steht, am effektivsten zu nutzen, um die Dinge zu tun, die ihr tun möchtet.«

Pu seufzte und atmete hörbar aus, als er wieder nach einem Sandwich griff.

»Viele Leute sprechen über Zeit«, fuhr der Fremde fort, »als handele es sich um Geld. Sie sagen, sie gewinnen Zeit und sparen Zeit und verbrauchen Zeit. Und auch wenn es sich dabei nur um Redewendungen handelt, dürfen wir unter keinen Umständen vergessen, dass uns allen Tag für Tag die gleiche Menge an Zeit zur Verfügung steht, um das zu tun, was wir möchten. Um eure Ziele zu erreichen, spielt es eine entscheidende Rolle, *wie* ihr eure Zeit nutzt.

Ihr wisst doch noch, dass wir am Anfang unserer Diskussion über Erfolg einen Traum erwählt und unseren Traum dann auf ein Ziel gerichtet haben. Anschließend fertigen wir einen Plan an und organisieren verfügbare und erforderliche Ressourcen. Und dann lernen oder verbessern wir Fertigkeiten und Fähigkeiten und kommen schließlich zu dem nächsten Schritt in unserem Erfolgs-Programm. Bei diesem Schritt verbessern wir unsere Zeit-Nutzung, damit wir unsere produktivste Zeit sowie die größte Menge an Zeit für Dinge in unserem Plan aufwenden, die uns unseren Zielen näher bringen. Habt ihr das alle verstanden?«

»Nein«, sagte Kaninchen. »Ich habe viel zu viel zu tun, um mir darüber Gedanken zu machen, welche Dinge ich tun sollte, um die Dinge zu tun, die ich tun möchte!«

»Kaninchen, unser heutiges Thema betrifft vor allem dich«, sagte der Fremde. »Weil du einfach immer zu viel

zu tun hast, profitierst du von uns allen am meisten von dem, was ich zu sagen habe. »Was glaubst du, machst du mit deiner Zeit?«, fragte der Fremde.
»Ich glaube nicht«, sagte Kaninchen, »ich *weiß*!«
»Ich glaube, du *weißt* es auch nicht«, sagte I-Ah.
Der Fremde lachte und sagte zu Kaninchen: »Erzähl uns doch von einem deiner Tage, an denen du viel zu tun hast.«

> Dies war einer von den Tagen, an denen für Kaninchen viel los war; es würde alle Hände voll zu tun haben; das merkte es schon, als es aufwachte: dies Gefühl, als hinge alles von ihm ab. Es war genau der Tag um-etwas-zu-organisieren oder etwas-gez.-Kaninchen zu verfassen oder herauszufinden, was-alle-andern-davon-hielten. Es war ein Morgen, wie geschaffen dazu, ganz eilig Pu aufzusuchen, »Na gut, na schön, ich sage Ferkel Bescheid« zu sagen und dann zu Ferkel zu gehen und zu sagen: »Pu meint ... Aber vielleicht sollte ich zuerst mit Eule darüber sprechen.« Es war ein Tag für einen Hauptmann oder Kapitän, wenn jeder sagte: »Ja, Kaninchen!« und »Nein, Kaninchen!«, und wartete, bis Kaninchen Bescheid gesagt hatte.
> Es kam aus seinem Haus und schnüffelte an dem warmen Frühlingsmorgen und fragte sich, was es unternehmen würde. Kängas Haus lag am nächsten, und in Kängas Haus war Ruh ...

»Das bin ich!«, sagte Ruh.

… und Ruh sagte »Ja, Kaninchen« und »Nein, Kaninchen« fast noch besser als alle anderen im Wald; aber neuerdings gab es dort ein weiteres Tier, den fremdartigen und ungestümen Tieger …

»Das bin ich!«, sagte Tieger.

… und der war die Sorte Tieger, die immer schon vor einem da ist, wenn man ihr sowieso gerade erst sagen will, wo es langgeht, und die längst verschwunden war, wenn man schließlich ankam und stolz »So, da sind wir!« sagte.
»Nein, nicht zu Känga«, sagte Kaninchen nachdenklich und zwirbelte sich den Schnurrbart in

> der Sonne; und damit es auch ganz bestimmt nicht dorthin ging, wandte es sich nach links und trabte in die entgegengesetzte Richtung los, und das war der Weg zum Haus von Christopher Robin.

»Danke, Kaninchen«, sagte der Fremde. »Wir sehen also, dass du dich an dem fraglichen Morgen schon auf den Weg zu Christopher Robins Haus gemacht hast, bevor du endgültig entschieden hattest, was du an dem Tag tun würdest.«
»Ist das schlimm?«, fragte Pu.
»Na ja, schlimm ist es nicht«, sagte der Fremde. »Aber wenn wir unsere Zeit besser nutzen wollen, sollten wir sie für die Dinge aufwenden, die uns am wichtigsten sind.«
»Aber ich hab einfach so viel zu tun«, sagte Kaninchen. »Ich würde das alles ja nicht mal schaffen, wenn ich auch noch die ganze Nacht aufbliebe.«
»Damit kommen wir zu einem wichtigen Punkt«, sagte der Fremde. »Wenn wir unsere Zeit klug gestalten wollen, suchen wir nach Möglichkeiten, wie wir die Zeit, die wir normalerweise zum Arbeiten oder Spielen haben, besser nutzen können. So groß die Versuchung auch sein mag, es ist nicht ratsam, für die Dinge, die wir zu erledigen haben, Zeit zu opfern, die wir normalerweise zum Essen oder Schlafen vorgesehen haben, wie Kaninchen das eben sagte. Diese Zeit, die ›existenziell wichtige Zeit‹ heißt, soll hier nicht unser Thema sein. Es wäre nicht richtig, auf Schlaf oder auf Mahlzeiten

oder die anderen Dinge, die ihr zu tun habt, zu verzichten, um zusätzliche Zeit zu gewinnen, sondern es geht darum, die Zeit, die wir haben, effektiver zu nutzen.

»Das ist gut«, sagte Pu, offensichtlich erleichtert.

»Wir können zum Beispiel damit anfangen, dass wir untersuchen, wie wir jetzt unsere Zeit nutzen«, sagte der Fremde. »Wenn wir wissen, wie wir gegenwärtig unsere Zeit einteilen, und sehen, ob es dem entspricht, wie wir sie verbringen wollen, ob es also unserem Ziel und dem Plan, den wir entworfen haben, entspricht, dann haben wir einen Anfangspunkt, um besser zu werden.«

»Mittelsss welcher Methodik untersucht man die temporale Nutzzzung?«, fragte Eule.

»Und *wie* stellt man fest, wie wir mit unserer Zeit umgehen?«, fragte Ruh.

»Eine gute Methode«, sagte der Fremde, »ist zum Beispiel, über einen bestimmten Zeitraum, für gewöhnlich eine Woche, zu protokollieren, wie ihr eure Zeit verwendet. Schreibt genau auf, was ihr in der Zeit alles macht und wie viel Zeit ihr jeweils für eine Sache aufwendet. Wenn ihr das Protokoll fertig habt, könnt ihr überprüfen, ob ihr eure Zeit so verbracht habt, wie ihr es euch vorgenommen hattet. Auf diese Weise seht ihr dann, in welchen Bereichen ihr später vielleicht Zeit sparen könnt.«

»Aber hast du vorhin nicht gesagt, man kann Zeit nicht *sparen*?«, fragte Ferkel.

»Das stimmt, Ferkel«, erwiderte der Fremde. »Man kann Zeit nicht in dem Sinne *sparen* wie Geld in einem Sparschwein. Mit Zeit-Sparen meine ich, dass Zeit, die ich *nicht* mehr für Dinge verwende, die mir nicht wichtig sind, Zeit ist, die ich dann mit wichtigen Dingen verbringen *kann.*«
»Verstehe«, sagte Ferkel wissend.
»Habt ihr eure Zeit erst einmal unter die Lupe genommen«, fuhr der Fremde fort, »und eure gegenwärtige Zeitnutzung mit eurem Ziel und eurem Plan verglichen, sind euch wahrscheinlich etliche Bereiche aufgefallen, die sich verbessern ließen oder die für euch Probleme darstellen. Zum Beispiel habt ihr festgestellt, dass ihr eure Zeit mitunter auf eine Art und Weise verbringt, wie ihr es lieber nicht mehr tun würdet, oder dass gewisse Dinge schwierig oder zeitaufwendig sind, obwohl es nicht der Fall sein sollte.
So, jetzt können wir darüber sprechen, was ihr alles tun könnt, um Zeit zu sparen, und du weißt ja, was ich damit meine, nicht, Ferkel?« – und Ferkel nickte begeistert – »Und wie ihr eure Zeitnutzung verbessern könnt. Passt auf, ich schreibe euch jetzt ein paar Vorschläge auf, damit ihr sie euch ansehen könnt.«
Der Fremde nahm einen Notizblock aus seiner Tasche und machte folgende Liste:

Funktionen an andere delegieren
Resultate mit Hilfe der Problemlösungsmethode in einem Minimum an Zeit erzielen

Individualität, Kreativität und Flexibilität
zeitlich einplanen
Störungen vermeiden und Routinearbeiten
minimieren
Teamwork und Arbeitsteilung anwenden

»Das alles sind Möglichkeiten – «
»Seht mal! Seht mal! Da steht ›Frist‹!«, quiekte Ferkel aufgeregt.
»Nein, Ferkel«, sagte der Fremde. »Das hat nichts zu sagen. Das ist reiner Zufall.«
»Die Frist läuft ab, ohne Zweifel«, sagte I-Ah.
»Es ist ein Ackerlehm«, sagte Pu stolz.
»Das heißt Akronym«, sagte der Fremde.
Inzwischen hatten Ferkel und Ruh sich bei den Händen gefasst, tanzten im Kreis und sangen: »Frist, Frist, Frist.«
»Aber ich habe doch gesagt, es ist kein – ach, egal«, sagte der Fremde. »Wenn ihr es euch so besser merken könnt, dann betrachtet es von mir aus als Akronym. Also, weiter im Text. Ein wichtiger Punkt auf der Liste ist ›Individualität, Kreativität und Flexibilität zeitlich einplanen‹.«
»Was meinst du denn mit Individualität zeitlich einplanen?«, fragte Pu, der sehr konfusiert dreinblickte.
»Wir alle«, sagte der Fremde, »erleben im Laufe des Tages Phasen, in denen wir aufmerksamer sind und schwierige Dinge besser bewältigen können. Genauso haben wir Phasen, in denen wir nicht so aufmerksam und konzentriert sind. Manche Leute zum Beispiel hal-

ten sich für ›Morgenmenschen‹, weil sie sich morgens aktiver fühlen, andere für ›Nachtmenschen‹, weil sie nach Sonnenuntergang mehr geschafft bekommen.«

»Ich bin eindeutig eine Nachteule«, sagte Eule.

»Ich bin ein Tagwesen!«, zwitscherte Ruh.

»Ich«, sagte Pu, »bin eher ein Elf-Uhr-Wesen, wenn es Zeit für eine Kleinigkeit ist.«

»Manche Dinge lassen sich am besten zu bestimmten Zeiten erledigen«, sagte Ferkel. Und als der Fremde es fragte, was es damit meine, erzählte ihm Ferkel, wie es mit Pu einmal Wuschel gejagt hatte und sich plötzlich ein neues Wuschel zu den anderen gesellt hatte, denen sie auf der Spur waren.

> »Siehst du das, Ferkel? Sieh dir ihre Spuren an! Drei, falls sie welche sind, Wuschel und ein, falls es eins ist, Wischel. *Ein weiteres Wuschel ist dazugekommen!*«
>
> Genau so schien es zu sein. Dort waren die Spuren; hier liefen sie übereinander, dort ver-

mengten sie sich; aber ganz deutlich sah man sie hier und da: die Spuren von vier Pfotenpaaren.

Ich *glaube*«, sagte Ferkel, nachdem es sich ebenfalls die Nase geleckt und gefunden hatte, dass dies wenig Trost brachte, »ich *glaube*, mir ist gerade etwas eingefallen. Mir ist gerade etwas eingefallen, was ich gestern zu tun vergessen habe und was ich morgen nicht tun kann. Deshalb finde ich, ich sollte wirklich nach Hause gehen und es jetzt tun.«

»Wir werden es heute Nachmittag tun, und dann komme ich mit«, sagte Pu.

»Es ist nichts, was man nachmittags tun kann«, sagte Ferkel schnell. »Es ist eine ganz spezielle Morgensache, die morgens getan werden muss, und zwar, wenn möglich, zwischen … Was würdest du sagen, Pu, wie spät ist es jetzt?«

»Etwa zwölf«, sagte Winnie-der-Pu und sah nach der Sonne.

»Zwischen, wie ich schon sagte, zwölf und fünf nach zwölf. Also wirklich, liebster, bester Pu, wenn du mich einstweilen entschuldigst … *Was ist das?*«

»War es ein Wuschel?«, fragte Ruh aufgeregt.

»Nein«, sagte Ferkel. »Es war Christopher Robin. Wisst ihr, manche Sachen sind irgendwie ganz spezielle Morgensachen.«

»Wenn ihr eure Zeit plant«, sagte der Fremde, »und die wichtigste oder schwierigste Arbeit in eure ›besten‹ Phasen legt, dann ist es wichtig, dass ihr nicht eure *ganze* Zeit verplant. Das heißt, ihr müsst euch nicht um jede Sekunde Gedanken machen. Und zwar aus zwei Gründen. Erstens dauern viele Dinge länger, als man denkt. Ihr solltet also bei eurer Planung flexibel sein und das berücksichtigen. Zweitens erfordern viele Dinge, die wir tun möchten, Kreativität. Und obwohl wir den lieben, langen Tag über Kreativität sprechen könnten, wollen wir uns hier mit der Feststellung begnügen, dass wir auch etwas Zeit für freies Denken und neue Ideen einplanen sollten.«

»Wie neue Methoden, Honig vom Honigbaum zu holen?«

»Hast du dir welche überlegt?«, fragte der Fremde.

»Äh, nein«, sagte Pu. »Aber das ist eins meiner Ziele.«

»Wir planen also unsere Zeit so«, fuhr der Fremde fort, »dass wir die wichtigsten Dinge in den Phasen erledigen, in denen wir am besten sind. Und wir denken daran, dass wir unseren Zeitplan flexibel halten, damit Zeit für kreative Zwecke übrig bleibt. Jetzt zu dem Punkt ›Resultate in einem Minimum an Zeit mit Hilfe der Problemlösungsmethode erzielen‹. Ihr erinnert euch bestimmt noch, dass es bei der Problemlösungsmethode, über die wir gesprochen haben, nicht nur darum ging, Probleme zu lösen, sondern wir haben auch gesagt, dass man mit ihrer Hilfe Methoden verbessern kann.«

»Arbeitssserleichterung«, sagte Eule.

»Ja, Eule«, sagte der Fremde. »Arbeitserleichterung ist die spezielle Anwendung der Problemlösungsmethode auf einen Prozess oder eine Aufgabe. Nehmen wir an, unser Problem lautet: ›Wie lässt sich die Aufgabe mit weniger Mühe oder Geld bewältigen?‹, oder, in unserem Fall, mit weniger Zeit. Die Problemlösung besteht darin, eine schnellere Methode dafür zu finden, und das bedeutet, dass wir mehr Zeit für andere Dinge übrig haben.«

»Wir haben Zeit gespart!«, sagte Ferkel. »In einem besonderen Sinn natürlich.«

»Um die Verbesserung unserer Zeitnutzung«, sagte der Fremde, »geht es bei dem Punkt ›Störungen vermeiden und Routinearbeiten minimieren‹. Seid ihr schon mal – «

»Könnte ich bitte mal das Salz haben«?, fragte Pu.

» – bei irgendwas gestört worden – «

»Und noch ein Schlückchen Tee, Tieger«?, sagte Pu.

» – immer und immer wieder ge...«

»Es ist wohl nicht zufällig noch ein bisschen Honig – «

»Pu!«

»Oh. Tut mir Leid, ich hab nicht richtig zugehört«, sagte Pu. »Bitte sprich doch weiter.«

»Danke«, sagte der Fremde. »Störungen oder Unterbrechungen aller Art können zum Beispiel verhindern, dass ihr eure Zeit effektiv nutzt. Jedes Mal, wenn ihr gestört werdet, müsst ihr mit dem, was ihr gerade macht, aufhören und euch dem zuwenden, was euch gestört hat, ob ihr nun einen Anruf bekommt oder jemand nur mal kurz ›Hallo‹ sagt, jedenfalls könnt ihr erst danach weitermachen. Viele Aktivitäten erfordern Konzentration ohne Störungen. Ob ihr arbeitet oder lernt oder lest oder egal was tut, nach einer Störung müsst ihr euch erst mal wieder neu konzentrieren.«

»Wie wenn ich neue Gesumme vor mich hin summe«, sagte Pu. »Normalerweise mache ich alles gern auf einmal. Aber wenn ich unterbrochen werde, durch das Mittagessen oder so, muss ich manchmal warten, bis sie mir wieder in den Sinn kommen.«

»Genau«, sagte der Fremde. »Deshalb solltet ihr möglichst Zeitspannen einplanen, in denen ihr nicht gestört werden wollt, damit ihr euch konzentrieren könnt. Und obwohl natürlich jeder auch irgendwann für seine Freunde und Kollegen da sein muss, werdet ihr, wenn ihr eure Störungen kontrolliert – «

»Statt euch von ihnen kontrollieren zu lassen«, fügte I-Ah hinzu –

»Ja, danke, I-Ah«, sagte der Fremde. »Statt euch von ihnen kontrollieren zu lassen, werdet ihr feststellen, dass ihr sehr viel mehr erledigen könnt und dadurch etwas Zeit spart. Auch wenn ihr Routinearbeiten minimiert, könnt ihr Zeit sparen. Unter Routinearbeiten fällt alles, was immer und immer wieder auf die gleiche Weise erledigt werden muss, aber leider unverzichtbar ist, zum Beispiel Formulare ausfüllen oder die Ablage machen und so weiter: Arbeiten, die erledigt werden *müssen*, aber in der Regel jedes Mal gleich ablaufen. Wenn ihr Möglichkeiten findet, diese Arbeiten schneller zu erledigen oder womöglich ganz und gar wegfallen zu lassen, habt ihr mehr Zeit für andere Aktivitäten.«

»Gilt das auch fürs Spülen?«, fragte Kaninchen mit Blick auf alle seine Bekannten-und-Verwandten und auf die vielen Tassen und Teller, die jetzt schmutzig herumstanden.«

»Durchaus«, sagte der Fremde. »Du könntest dir einen großen Vorrat an Geschirr zulegen und nur noch einmal am Tag spülen, statt nach jeder Mahlzeit. Auch mit einem Geschirrspüler könntest du Zeit sparen.«

Kaninchen fragte sich, wen er da wohl meinte und ob derjenige heute Nachmittag Zeit hätte.

»Du könntest dir vielleicht auch Wegwerfgeschirr anschaffen, das überhaupt nicht gespült werden muss.«

»Ach, dafür ist es zu spät«, sagte Kaninchen und blickte in die Runde.

»Das alles sind Ideen für Zeitersparnis«, sagte der Fremde. »Sehr nützlich ist auch ein weiterer Punkt auf unserer Liste, nämlich ›Funktionen an andere delegieren‹. Wenn ihr Aktivitäten von anderen erledigen lasst, könnt ihr euch in der Zeit schon mal mit etwas anderem befassen, allerdings müsst ihr ab und zu überprüfen, wie die anderen klarkommen.«

»Genau wie ich Kaninchen gebeten habe, es soll den anderen Bescheid sagen, wann wir uns treffen«, sagte Pu.

»Na ja, nicht ganz«, sagte I-Ah. »Kaninchen hat schließlich niemandem Bescheid gesagt. Und niemand ist gekommen. Hört sich an wie mein Geburtstag, wenn ihr mich fragt.«

»Das stimmt, I-Ah«, sagte der Fremde. »Und deshalb empfiehlt es sich dringend, zwischendurch zu überprüfen, wie diejenigen, an die ihr Aufgaben delegiert habt, zurechtkommen, für den Fall, dass es Probleme gibt.«
»Oder jemand etwas vergisst«, fügte Ferkel hinzu, weil es sich noch immer ärgerte, dass Kaninchen es nicht zum Tee eingeladen hatte.
»Unsere letzte Methode, Zeit zu sparen«, sagte der Fremde, »heißt ›Teamwork und Arbeitsteilung‹. Und wie beim Delegieren handelt es sich dabei um ein sehr wirkungsvolles Mittel, um mit Zeit effektiv umzugehen und um eure Ziele zu erreichen. Wenn ihr andere habt, die euch bei den Aktivitäten helfen, die ihr durchführen müsst, kriegt ihr viel mehr geschafft, als wenn ihr alles allein macht. Viele Hände erleichtern die Arbeit nun mal, man spart Zeit und kann seine Ziele wirkungsvoller verfolgen.«
»Kann Alexander Käfer deshalb Tannenzapfen heben, die fast so groß sind wie er?«, fragte Tieger. »Weil er so viele Hände hat?«
»Das ist bestimmt ein Grund«, sagte der Fremde. »Aber ich glaube kaum, dass es der einzige Grund ist. Wenn wir andere um Hilfe bitten, dann möglichst solche, die Fertigkeiten und Fähigkeiten besitzen, die wir nicht haben. Wisst ihr noch, was wir über das Organisieren von Ressourcen gesagt haben? Dass auch Personen Ressourcen sein können? Als Team haben wir viel mehr Fähigkeiten als jeder für sich.«

»Aber wie kriegt man andere dazu, einem zu helfen?«, fragte Kaninchen. »Wieso sollten sie das tun, wenn es doch nicht ihr schmutziges Geschirr ist oder so?«

»Manchmal helfen andere einem allein schon deshalb, weil man sie bittet«, antwortete der Fremde. »Man kann aber auch jemanden engagieren, in einem Team mitzuarbeiten, das man aufstellt. Erinnert ihr euch an unsere Gespräche über Management? Vielleicht könnt ihr denjenigen, die euch helfen sollen, vor Augen führen, dass auch sie davon profitieren. Dann arbeiten sie mit, weil sie selbst hoffen, etwas davon zu haben. Es gibt viele Möglichkeiten, Arbeit mit anderen zu teilen und Teams zu bilden, doch meistens funktionieren sie dann am besten, wenn alle Mitglieder des Teams von den gemeinsamen Leistungen profitieren.«

»Mir ist immer noch nicht klar, wie das gehen soll«, warf Kaninchen ein.

»Ich zeige es dir«, sagte der Fremde.

Er stand auf und fing an, die Teller und Tassen, die sie zum Tee benutzt hatten, aufzusammeln. Gleich darauf half Tieger mit. Nicht weil er durchschaute, was der Fremde zeigen wollte, sondern weil Tieger so etwas am besten können. Ferkel begriff als Erster, wahrscheinlich weil es zur Schule gegangen war, und es fing an, dem Fremden und Tieger beim Aufräumen zu helfen. Dann machten Pu und I-Ah und sogar ein paar von Kaninchens Bekannten-und-Verwandten mit, nur Eule nicht, weil sie meinte, die erforderliche Rückenmuskulatur sei dazu noch nicht ganz in der Lage.

Nach kurzer Zeit hatten sie das ganze Geschirr eingesammelt, in Kaninchens Haus gebracht (obwohl der Fremde, genau wie Pu einmal, fast in Kaninchens Vordertür stecken geblieben wäre), gespült und abgetrocknet und weggeräumt. Nach getaner Arbeit gingen der

Fremde und die anderen wieder nach draußen zu Eule und Kaninchen.
»So«, sagte der Fremde. »Das ging ja schnell. Und ich hoffe, Kaninchen, du hast verstanden, was ich dir damit zeigen wollte. Wenn ihr eure Arbeit mit anderen teilt – ach ja, ich danke euch allen für eure Hilfe –, geht sie rascher und leichter von der Hand.«
»Vielen, vielen Dank«, sagte Kaninchen. »Ich verstehe, was du meinst. Statt den Rest des Tages allein sauber zu machen, kann ich … äh … jetzt habe ich vergessen, was ich als Nächstes tun muss!«
»Zum Thema ›seine Zeit klug gestalten‹ solltet ihr noch etwas Nützliches wissen«, sagte der Fremde, »und zwar, dass sich jede Aktivität aus drei Teilen zusammensetzt.« Wieder nahm er seinen Block zur Hand und schrieb:

Aktivität vorbereiten
Aktivität ausführen
Aufräumen, wenn Aktivität erledigt

»Aha!«, sagte Ferkel. »Die drei As!«
»Nicht schon wieder«, sagte der Fremde.
»Ist das wie mit den sechs Ws?«, fragte Eule.
»Muss wohl«, sagte Pu.
»Diese drei Punkte können hilfreich sein, weil es in vielen Fällen weniger Zeit in Anspruch nimmt, eine Aufgabe und Aktivität durchzuführen, als sie vorzubereiten und anschließend alles wieder sauber zu machen.«

»Wie wenn man Bekannte-und-Verwandte zum Tee einlädt«, sagte Kaninchen.

»Genau«, sagte der Fremde. Wenn ihr also jemanden zum Tee einladet und euch überlegt, wie ihr die Zeit für die Vorbereitung und fürs anschließende Saubermachen reduzieren könnt – «

»Zum Beispiel die Gäste bitten, das Geschirr zu spülen«, piepste Ruh.

» – habt ihr mehr Zeit für andere Dinge«, sagte der Fremde.

»Und wir haben die meiste Zeit, um Tee zu trinken und Sandwiches zu essen!«, sagte Pu.

»Also merkt euch«, sagte der Fremde, »wenn ihr eine Aktivität plant, überlegt euch Möglichkeiten, wie ihr die Zeit für die Vorbereitung und das Saubermachen reduzieren könnt, um die Zeit für die Aktivität selbst zu maximieren, damit ihr – «

»Zeit sparen könnt!«, rief Ferkel.

»Vielleicht können wir kurz zusammenfassen, was wir gelernt haben«, sagte der Fremde. »Wir haben darüber gesprochen, was Zeit ist und dass sich Zeit selbst nicht managen lässt, sondern nur die Zeit*nutzung*. Wir haben gesagt, dass wir, wenn wir Zeit sparen wollen – «

»In einem sehr speziellen Sinne des Wortes«, fügte Ferkel hinzu.

» – uns am besten anschauen, wie viel Zeit wir jetzt fürs Arbeiten und Spielen aufwenden, und nicht die Zeit beschneiden, die wir zum Essen und Schlafen und für unser eigenes Wohlbefinden brauchen. Zuallererst, so haben wir gesagt, schauen wir uns am besten genau an, wie wir unsere Zeit jetzt nutzen. Wenn wir eine Woche lang über unsere Aktivitäten Protokoll führen, erfahren wir sehr viel über unsere gegenwärtige Zeitnutzung. Anschließend vergleichen wir das Ergebnis mit unserem Ziel und unserem Plan und können feststellen, wo wir was verändern müssen, damit wir Zeit für die wirklich wichtigen Dinge sparen können.«

»Obwohl das nicht mit einem Sparschwein geht«, sagte Pu.

»Und dann haben wir darüber gesprochen, wie wir Zeit sparen können«, sagte der Fremde.

»Frist!«, riefen Ruh und Ferkel wie aus einem Munde.

»Von mir aus. Frist«, sagte der Fremde. »Dazu zählt, dass wir die Dinge, die uns am wichtigsten sind, in der Zeit erledigen, in der unsere Leistungskraft am größten ist. Gleichzeitig müssen wir unseren Zeitplan natürlich flexibel halten, da manche Dinge nun mal länger brauchen, als wir denken, und auch Zeit für Kreativität und Spontaneität einplanen.

Ebenso«, fuhr der Fremde fort, »müssen wir versuchen, Resultate in einem Minimum an Zeit zu erzielen. Wenn wir die Problemlösungsmethode, die wir gelernt haben, anwenden, sehen wir, wie wir bestimmte Dinge am einfachsten und schnellsten erledigen können. Wir können auch effektiver arbeiten, wenn wir Störungen ausschalten und Arbeiten, die immer wieder anfallen, minimieren. Und wir können Funktionen an andere

delegieren, das heißt, erforderliche Arbeiten von anderen erledigen lassen. Das spart Zeit – «
»Nur dass wir ab und zu überprüfen müssen, wie die anderen klarkommen«, sagte Ferkel.
» – die wir für andere Aktivitäten verwenden können. Und dann haben wir noch die Möglichkeit der Arbeitsteilung, das heißt, wir erledigen die Arbeit gemeinsam mit anderen, indem wir die Hilfe anderer heranziehen oder Teams bilden. Außerdem haben wir gesagt, dass wir gezielt auf die Hilfe von Leuten zurückgreifen können, die verschiedene Fertigkeiten und Fähigkeiten besitzen.«
»Hui! Das ist ganz schön viel«, sagte Pu.
»Da hast du Recht, Pu«, sagte der Fremde. »Und wir haben über noch eine andere Sache gesprochen, nämlich darüber, dass sich die meisten Aktivitäten in drei Schritte unterteilen lassen: Aktivität vorbereiten, Aktivität ausführen, aufräumen, wenn Aktivität erledigt – «
»Die drei As!«, sagte Ferkel.
» – und dass wir für die eigentliche Ausführung mehr Zeit haben, wenn wir die Zeit für Vorbereitung und Aufräumen reduzieren. Die Ausführung ist schließlich der effektivste Teil einer jeden Arbeit. Ich möchte euch allen danken, dass ihr mir heute – «
»Sind wir fertig? Schön!«, sagte Kaninchen. »Ich hätte mir eigentlich gar nicht so viel Zeit nehmen dürfen, aber trotzdem, danke.«
Und schon ging es zu den einzelnen Grüppchen seiner Bekannten-und-Verwandten und erkundigte sich, ob

ihnen der Tee gefallen habe, ob sie sonst noch etwas bräuchten und so weiter. Als es schließlich an der Tür seines Hause anlangte, war es wieder genauso beschäftigt und voller Wichtigkeit und unerledigter Dinge wie zuvor.

»Ich muss los«, sagte der Fremde. »Ich möchte euch allen danken, dass ihr mir heute zugehört habt. Ich hoffe, ihr habt etwas Nützliches gelernt und dass es euch hilft. Ich muss zurück ins Dorf, weil ich noch einiges zu erledigen habe.«

»Na, was meinst du, I-Ah«, fragte der Fremde. »Glaubst du, du hast Verwendung für einiges von dem, worüber wir heute gesprochen haben?«

»Nie im Leben«, grummelte I-Ah. »Aber dafür kannst du nichts. Ich finde, du hast das alles gut erklärt. Ich denke, ich bin einfach ziemlich zeitlos.«

»Das denke ich auch«, sagte der Fremde.

»Es sieht so aus, als hätte Kaninchen auch nicht viel gelernt«, sagte Ferkel, das zusah, wie Kaninchen zwischen seinen Gästen hin und her flitzte, so geschäftig und zerstreut wie am Anfang, als sie alle gekommen waren.

»Weißt du, Pu«, sagte der Fremde, »für viele ist es schwer, eingefahrene Gewohnheiten zu verändern und Dinge auf eine neue Art und Weise zu tun, selbst wenn es eine Verbesserung ist. Vielleicht hast du am Anfang das Gefühl, dass du keinerlei Fortschritte machst, wenn du all die neuen Dinge ausprobieren willst, über die wir gesprochen haben. Aber mit Geduld und Ausdauer zahlt es sich irgendwann aus, so dass du mehr Kontrolle über deine Zeit hast und die Dinge tust, die dir am wichtigsten sind. Das bringt dich deinem Ziel dann immer näher.«

»Ja«, sagte Pu und blickte Kaninchen an. »Solche Dinge brauchen wirklich Zeit.«

KAPITEL 8

In welchem ein Wolkenformenspiel gestört wird, alle anfangen, Erfolg zu haben, und Kaninchen und Pu Lektionen erteilen

Es war irgendwie ein schläfriger Tag. Es war ein Tag, an dem ein für die Jahreszeit untypisch warmer Wind alle im Hundertsechzig-Morgen-Wald überraschte und sie denken ließ, es müsse Frühling sein oder vielleicht sogar Sommer. Es war irgendwie ein Tag, an dem man am liebsten auf dem Rücken im Gras lag und hinauf in die sich türmenden schneeweißen Wolken schaute. Es war die Art von Tag, an dem man das Gefühl hatte, dass nichts tun besser war als irgendetwas tun.

Pu und Ferkel und Kaninchen allerdings taten etwas. Sie hatten zwar am Anfang nichts anderes getan als unten an dem kleinen Hügel unweit der Stelle, wo Pus Haus gewesen war und jetzt Pus und Ferkels Haus war, im Gras zu liegen und die warme Brise und die Sonne zu genießen, aber Pu hatte das geändert, indem er sagte, die Form einer Wolke erinnere ihn an einen Topf Honig. Ferkel sagte daraufhin, die Wolke etwas näher am Horizont habe eine erstaunliche Ähnlichkeit mit einem Haufen Heicheln, die reif sind, für den Winter eingelagert zu werden. Kaninchen machte mit und

meinte, die kleine Wolke direkt über der, die Ferkel erwähnt hatte, sehe aus wie Alexander Käfer.
Im Nu waren sie in eine Partie Wolkenformen vertieft. Kaninchen war dabei zu gewinnen, weil es weitaus mehr Bekannte-und-Verwandte hatte, denen Wolken ähnlich sehen konnten, als Pu oder Ferkel, und da niemand außer Kaninchen sie alle kannte, blieb ihnen nichts anderes übrig, als Kaninchen zu glauben, wenn es sagte, eine bestimmte Wolke sehe aus wie ein spezieller Bekannter-und-Verwandter.
Wahrhaftig, wenn man an so einem schläfrigen Tag überhaupt irgendetwas tun musste, dann eignete sich das Spiel sogar vortrefflich. Weniger ermüdend als Pu-Stöcke, da man noch nicht mal von einer Seite der Brücke zur anderen laufen musste und weil sie auch nicht zur Pu-Stöcke-Brücke zu gehen brauchten. Sie konnten das Spiel direkt vor Pus Haus spielen. Wo sie nun mal waren.
Der Fremde tauchte oben auf dem Hügel auf, als sie gerade überlegten, ob eine bestimmte Wolke eher wie eine große Version von Klein oder wie eine Burg aussah. Es war schwierig zu sagen, weil keiner von ihnen eine sehr gute Vorstellung davon hatte, wie eine Burg aussah. Zwar hatte Christopher Robin ab und zu eine Burg erwähnt, doch er hatte nie richtig beschrieben, wie eine Burg aussah. Pu wollte die Sache entscheiden, indem er sagte, eine Burg habe sehr starke Ähnlichkeit mit einer großen Version von Klein, aber Kaninchen meinte, es sei einigermaßen sicher, dass eine Burg

etwas sei, in dem man wohne, und dass nicht einmal eine große Version von Klein zum Drin-Wohnen geeignet wäre.
Die Frage, ob die Wolke eher wie eine Burg oder Klein aussah, konnte nicht mehr entschieden werden, da der Fremde das Spiel unterbrach, indem er den Hügel herunterkam und sich neben sie ins Gras und in die warme Sonne setzte. Bald darauf folgten die anderen Bewohner des Hundertsechzig-Morgen-Waldes, die es dem Fremden gleichtaten.
Es war so ein fauler, schläfriger Nichts-tun-Tag, dass die Begrüßungen und Hallos sehr gedämpft ausfielen und nicht einmal Tieger so ungestüm war wie sonst. Irgendwann regte der Fremde sich und setzte sich auf. »Ich denke, wir sollten langsam anfangen«, sagte er, obwohl er nicht so klang, als sei ihm wirklich ernst damit. »Was anfangen?«, fragte Pu, der sich irgendwie fragte, ob er sich aufsetzen und nachsehen sollte, ob der Fremde eine kleine Erfrischung mitgebrachte hatte und ob es das war, womit er anfangen wollte.
»Wir müssen noch über den Zusatz in dem letzten Schritt des Prozesses sprechen, mit dem ihr Erfolg anstreben und erzielen könnt.«
»Ach so«, sagte Pu, nicht sonderlich interessiert, da eine kleine Erfrischung offenbar nicht dazugehörte. »Aber heute würde ich, glaube ich, lieber im Gras liegen und in die Wolken schauen. Es kommt mir nicht so vor, als wäre es die Art von Tag, an dem man großartig irgendwas anstreben und erzielen sollte.« Er hielt

inne und überlegte einen Moment. »Können wir nicht morgen anfangen? Es sei denn, morgen ist die gleiche Art von Tag. In dem Fall könnten wir das Ganze auf Freitag in siebzehn Tagen verschieben.«

Der Fremde seufzte, blickte zum blauen Himmel und den weißen Wolken hinauf und sah dann alle an, die auf dem grünen Hügel lagen.

»Pu«, sagte der Fremde. »Ich kann verstehen, warum du das so siehst. Du hast uns eben ein gutes Beispiel dafür gegeben, warum wir den Zusatz in dem letzten Schritt unseres Erfolgsrezeptes haben.«

»Hab ich das?«, fragte Pu, nicht sicher, ob das etwas Gutes oder etwas Schlechtes war. Er schwieg einen Moment und kratzte sich am Kopf, während er nachzudenken versuchte. »Ich habe vergessen, wie der Zusatz geht. Mist! Ich fürchte, ich bin ein Bär von sehr wenig Verstand.«

»Es fängt mit einem O an«, sagte Ruh von sich aus, das ein gutes Gedächtnis hatte und das von Eule und Känga die Buchstaben gelernt hatte.

»Das stimmt, Ruh«, sagte der Fremde. Eule und Känga blickten Ruh stolz an. »Der Zusatz, der genauso wichtig ist wie alle Schritte auf unserem Weg zum Erfolg, heißt ›Organisiert euch, und los geht's!‹«

»Ach ja«, sagte Pu. »Das hätte ich noch wissen müssen.«

»Da siehst du's, Pu«, fuhr der Fremde fort, »du wolltest es verschieben, dich mit diesem Zusatz zu befassen, und damit hast du etwas getan, was viele machen: den Prozess verschoben, Erfolg zu erzielen. Dafür findet sich immer ein Vorwand. Dass Leute etwas verschleppen, ist weit verbreitet.«

»Wohin verschleppen sie's denn?«, fragte Pu.

»Verschleppen, Pu Bär«, sagte Eule, »heißßßt, etwasss auf später zuverschieben, wasss eigentlich sofort getan werden sollte.«

»Es gibt viele Gründe, warum Leute etwas verschleppen«, sagte der Fremde. »Vielleicht haben sie plötzlich das Gefühl, es komme viel Mühe und Arbeit auf sie zu, oder sie haben Angst, sie könnten scheitern, und wenn sie gar nicht erst anfangen, können sie nicht scheitern. Etwas Neues bedeutet auch fast immer eine Veränderung, und Veränderungen empfinden viele als Bedrohung und so weiter. Deshalb ist der Zusatz, der dazu auffordert anzufangen, auch so wichtig. Wenn ihr nicht anfangt, den Plan, den ihr entworfen habt, in die Tat umzusetzen, kommt ihr nie ans Ziel.«

»In logischer Hinsicht unwiderlegbar und in sich unanfechtbar«, sagte Eule.

»Das verstehe ich«, sagte Pu. »Aber ich verstehe nicht, wie man anfangen soll. Das klingt alles für mich wie ein ›Was‹. Ich brauche ein ›Wie‹.«

»Nun, das ist wirklich ganz einfach«, sagte der Fremde. »Organisiert euch, und los geht's!«

»Mit organisieren kenne ich mich aus«, sagte Kaninchen. »Ich habe schon viele Sachen organisiert. Zum Beispiel die Nachforschung nach Klein.« Kaninchen hielt inne. »Nachforschungen müssen fast immer organisiert werden.«

»Was ist org… organ… organi… Was du gesagt hast?«, fragte Ferkel den Fremden.
»Erzähl uns doch von der Nachforschung, Kaninchen!«, schlug der Fremde vor. »Vielleicht können wir daraus lernen, wie man sich selbst organisiert.«

»Ich weiß, wie das war«, erklärte Eule und begann zu erzählen.

Pu saß eines Tages in seinem Haus und zählte seine Honigtöpfe, als an die Tür geklopft wurde.
»Vierzehn«, sagte Pu. »Herein. Vierzehn. Oder waren es fünfzehn? So ein Mist. Jetzt bin ich ganz durcheinander.«
»Hallo, Pu«, sagte Kaninchen.
»Hallo, Kaninchen. Es waren doch vierzehn, oder?«
»Vierzehn was?«
»Meine Honigtöpfe, die ich gerade gezählt habe.«
»Vierzehn, stimmt.«
»Bist du sicher?«

»Nein«, sagte Kaninchen. »Ist das wichtig?«

»Ich hätte es nur gern gewusst«, sagte Pu bescheiden. »Damit ich mir sagen kann: ›Jetzt habe ich noch vierzehn Töpfe Honig.‹ Oder fünfzehn, je nachdem. Es ist irgendwie beruhigend.«

»Dann sagen wir mal sechzehn«, sagte Kaninchen. »Ich wollte aber eigentlich etwas ganz anderes sagen: Hast du Klein irgendwo gesehen?«

»Ich glaube nicht«, sagte Pu. Und dann, nachdem er noch ein bisschen mehr nachgedacht hatte, sagte er: »Wer ist Klein?«

»Einer meiner Bekannten-und-Verwandten«, sagte Kaninchen leichthin. Dies war keine große Hilfe für Pu, denn Kaninchen hatte so viele Bekannte-und-Verwandte, dass er nicht wusste, ob er Klein auf dem Wipfel einer Eiche oder im Kelch einer Butterblume suchen sollte.

»Ich habe heute noch niemanden gesehen«, sagte Pu, »jedenfalls nicht so, dass ich ›Hallo, Klein!‹ zu ihm hätte sagen können. Brauchst du ihn für irgendwas?«

»*Brauchen*? *Ich* nicht«, sagte Kaninchen. »Aber es ist immer nützlich, wenn man weiß, wo ein Bekannter-und-Verwandter *ist*, ob man ihn nun braucht oder nicht.«

»Ah, verstehe«, sagte Pu. »Ist er verloren gegangen?«

»Tja«, sagte Kaninchen, »seit einiger Zeit hat ihn niemand mehr gesehen, und deshalb nehme ich an, dass er verloren gegangen ist. Aber wie dem auch sei«, fuhr Kaninchen bedeutsam fort, »ich habe Christopher Robin versprochen, eine Nachforschung zu organisieren, also komm schon.«

Pu verabschiedete sich zärtlich von seinen vierzehn Honigtöpfen und hoffte, dass es fünfzehn waren; dann ging er mit Kaninchen in den Wald hinaus.

»Also«, sagte Kaninchen, »dies ist eine Nachforschung und ich habe sie organisiert …«

»Was hast du damit gemacht?«, fragte Pu.

»Sie organisiert. Das bedeutet … Also, es ist das, was man mit einer Nachforschung macht, damit nicht alle gleichzeitig an derselben Stelle suchen. Ich möchte also, dass *du*, Pu, zuerst bei den Sechs Tannen nachforschst und dich dann bis zu Eules Haus vorarbeitest und dort nach mir Ausschau hältst. Verstehst du?«

»Nein«, sagte Pu. »Was …«

»Dann treffe ich dich also in etwa einer Stunde bei Eule.«

»Ist Ferkel auch organisiert?«

»Das sind wir alle«, sagte Kaninchen und eilte davon.

»So war das«, schloss Eule.

»Eigentlich«, wandte Pu ein, »ist da noch mehr passiert. Ich musste mich erst mal selbst organdisieren, deshalb habe ich im Kopf die Reihenfolge, wie man

Sachen sucht, aufgeschrieben, um Klein finden zu können. Was ich getan habe. Klein finden, meine ich.«
»Und es ist noch viel mehr passiert«, sagte Ferkel rasch. »Pu ist auf ein Stück Wald getreten, das aus Versehen ausgelassen worden war, und ich habe ihn gefunden, und Pu hat gedacht, es ist eine Heffalump-Falle und –«
»Ja, jetzt erinnere ich mich wieder, Ferkel«, sagte der Fremde. »Es war ein langes Abenteuer, und später kannst du uns den Rest erzählen, aber jetzt würde ich mich gern auf das Wie des Anfangs konzentrieren und darüber sprechen, wie man sich selbst organisiert, damit es losgehen kann. Warum ist es besser, wenn wir uns selbst organisieren?«
»Das liegt doch auf der Hand«, sagte Kaninchen. »Ohne Organisation kriegt man nichts geregelt, zumindest bekommt man nichts gut und schnell geregelt.« Es sprach weiter, bevor jemand es unterbrechen konnte. »Am allerwichtigsten ist, dass man jemanden braucht, der das Sagen hat. Jemanden, der Erfahrung hat. Wie jemanden, der nicht nur die Nachforschung nach Klein organisiert hat, sondern der auch weiß, wie man mit fremden Tieren im Wald umgeht und wie man einen Tieger gestüm macht und –«
»Sehr gut, Kaninchen«, fiel ihm der Fremde ins Wort. »Was du gesagt hast, ist genau der Grund, warum der wichtige Zusatz des letzten Schrittes auf unserem Weg zum Erfolg ›Organisiert euch, und los geht's‹ lautet.«
»Der Grund ist, dass Kaninchen Sachen organdisieren sollte?«, fragte Pu, der nicht richtig aufgepasst hatte.

Kaninchen wollte gerade sagen, dass Pu absolut Recht habe, doch der Fremde kam ihm zuvor.

»Nein«, sagte der Fremde. »Wie Kaninchen gesagt hat, der Grund ist, dass man durch Organisieren Sachen besser und schneller erledigt. Bisher habt ihr gelernt, wie ihr einen Traum auswählt, den ihr verwirklichen wollt, wie ihr den Traum dann auf ein Ziel richtet, wie ihr einen Plan entwerft, um euer Ziel zu erreichen, wie ihr die Ressourcen bestimmt, die euch zur Verfügung stehen, um die einzelnen Schritte eures Plans auszuführen, wie ihr die Ressourcen bestimmt und erlangt, die ihr nicht habt, aber braucht, und wie ihr eure Zeit am besten und am effektivsten nutzt, um euer Ziel zu erreichen.«

»Erfolg zu erzielen«, quiekte Ruh, um zu zeigen, dass es noch immer zuhörte, obwohl es irgendwie ein schläfriger Tag war.

»Wie immer man Erfolg auch definiert«, sagte Pu, der sich nicht ausbooten lassen wollte.

»Ganz genau«, sagte der Fremde. »All diese Schritte könnte man als Teil der Organisation betrachten, die zum Erfolg führen soll. – So, um sicherzugehen, dass wir verstanden haben, worum es geht: Kann mir jemand sagen, was ›Organisation‹ und ›organisieren‹ bedeutet?«

»Ich glaube«, sagte Eule, »esss gibt für jedesss der beiden Wörter eine Definitttion, die der gegenwärtigen Dissskussssssion absssolut angemessssssen issst und den angedeuteten Parametern entspricht. Wir könnten sagen, ›Organisatttion‹ ist ein Nomen und lässsssst sich alsss ›syssstematische Planung für einen bestimmten Zzzweck‹ definieren. ›Organisieren‹, ein transitivesss Verb, bedeutet, sich selbssst in einen Zzzustand mentaler Kompetenzzz zzzu versetzzzen, um eine Aufgabe aussszzzuführen.«

»Ausgezeichnet, Eule!«, sagte der Fremde. »Genau die Definitionen, die wir brauchen.«

Eule, die sich über das Lob freute, es aber nicht zeigen wollte, putzte sich das Gefieder. Sie freute sich auch besonders darüber, dass ihr die Klassifizierung der Wörter gelungen war, da sie ihr Wissen über Wortarten aufgefrischt hatte, während sie Ruh die Buchstaben beibrachte.

»Kaninchens und Pus Abenteuer bei der Nachforschung nach Klein macht die Definitionen sehr schön anschaulich«, fuhr der Fremde fort. »Eines solltet ihr euch merken: Organisation ist an sich kein Ziel, es ist eine Möglichkeit, ein Ziel zu erreichen. Eure Organisation sollte so einfach wie möglich sein, solange ihr sie nutzt, um an euer Ziel zu kommen.«

»Erfolg«, piepste Ruh, weil es damit beim letzten Mal so gut angekommen war, zumindest hatte keiner »Aber, Ruh!« gesagt.

Der Fremde nickte. »Kann mir jemand sagen, was Kaninchens und Christopher Robins Ziel bei dem Abenteuer war?«

»Klein zu finden«, sagte I-Ah. »Kein Kinderspiel, davon kann ich ein Lied singen. Man muss ständig aufpassen, wo man seine Hufe aufsetzt, weil man sonst einen unangenehmen Eindruck auf Klein machen könnte. Mal ganz abgesehen davon, dass man zwei Tage lang weitersuchen könnte, wenn einem niemand sagt, dass Klein bereits gefunden wurde.«

»Schön«, sagte der Fremde. »Ihr seht, dass Kaninchen bei der Nachforschung die Schritte befolgt hat, über die wir gesprochen haben. Es hat sich ein Ziel gesetzt, einen Plan entwickelt, seine Ressourcen eingeschätzt und erkannt – «

»Das waren wir«, sagte Ferkel. »Pu und ich und die anderen, die bei der Nachforschung helfen konnten.«

» – und es hat den Teilnehmern bei der Nachforschung Aufgaben zugewiesen, durch die jeder seine Zeit klug genutzt hat, weil es darauf geachtet hat, dass in den Bereichen, wo schon nachgeforscht worden war, nicht noch ein zweites Mal nachgeforscht wurde. Es hat also eine systematische Planung für einen bestimmten Zweck gemacht. Mit anderen Worten, es hat sich daran gemacht, sein Ziel zu erreichen, indem es den Zusatz des letzten Schrittes unseres Erfolgsrezeptes ausgeführt hat.«

»Wie ich gesagt habe«, sagte Eule.

»Außerdem«, fuhr der Fremde fort, »hat Pu die zweite Definition veranschaulicht, weil er im Kopf die Reihenfolge aufgeschrieben hat, wie man Sachen sucht. Anders ausgedrückt, er hat sich in einen Zustand mentaler Kompetenz versetzt, um eine Aufgabe auszuführen.«

»Und das hab ich gemacht, obwohl ich nicht mal wusste, dass ich es gemacht habe«, sagte Pu stolz. »Es kam mir einfach irgendwie richtig vor.«

»Gut, Pu«, sagte der Fremde. »Im Idealfall wünschen wir uns, dass unsere Bemühungen sozusagen zwangsläufig zum Erfolg führen, und deshalb beginnen wir damit, dass wir diesen Prozess organisieren. Bevor ihr anfangt, überprüft sicherheitshalber, dass die Schritte, die ihr durchführen wollt, auch anwendbar und dass keine Korrekturen erforderlich sind und dass ihr wirklich anfangen könnt. Denkt daran, alles so einfach wie möglich zu halten. Überprüft eure Ressourcen, damit sie auch zur Verfügung stehen, wenn sie gebraucht werden.

So«, fuhr der Fremde fort, »jetzt möchte ich mit euch noch über einen weiteren Bereich von Organisation sprechen. Natürlich ist es äußerst wichtig, dass ihr euch vergewissert, alle Schritte des Erfolgsrezeptes befolgt zu haben, und es ist ein enormer Vorteil, wenn ihr euch am Anfang des Prozesses in einen Zustand mentaler Kompetenz versetzt, um die Aufgabe zu bewältigen. Meistens jedoch dauert es relativ lange, bis ihr euer Ziel erreicht. Und in der Regel gibt es einen bestimmten Ort, an dem die meisten Arbeiten, die zur Erreichung eures Ziels erforderlich sind, ausgeführt werden.

Ganz gleich, ob es sich dabei um ein eigenes Zimmer handelt, eine Garage, eine Ecke eures Schreibtisches an eurem Arbeitsplatz oder um einen Raum in der Schule:

Wenn dieser Ort unbequem ist und nicht euren Bedürfnissen gerecht wird, besteht die Versuchung, diesen Ort zu meiden, oder, wenn ihr ihn doch benutzt, könnte es sein, dass ihr nicht so produktiv seid.
Je nachdem, was ihr für ein Ziel habt, könnte euer Ort im Büro sein oder, wie heutzutage zunehmend der Fall, zu Hause. Egal, wo er ist, macht es sich ungeheuer bezahlt, wenn ihr darauf achtet, dass der Arbeitsraum, den ihr auf dem Weg zum Erfolg benutzt, gut organisiert, richtig ausgestattet und effektiv eingeteilt ist.«
Eule schaltete sich ein: »Ich habe gelesen, die Berücksichtigung der ergonomischen Assspekte schützzzt sehr wahrscheinlich vor dem Thoraxxxpertursss-Syndrom, vor Halsss- und Rückenverspannungen, vor dem Karpaltunnel-Syndrom und anderen Beschwerden, die gemeinhin alsss kumulative, traumatische Störungen klassssssifizzziert werden.« Eule beäugte den Fremden eindringlich. »Dasss issst besondersss wichtig für einen Schriftsteller«, sagte sie streng.
»Ganz genau«, sagte der Fremde. »Danke, Eule. – Den eigenen Arbeitsplatz zu organisieren ist ein wichtiges Thema, aber darüber gibt es viele Bücher, aus denen ihr euch Anregungen holen könnt.«
»Ich glaube nicht, dass ich Schriftsteller werden könnte«, sagte I-Ah düster und blickte hinab auf seine Hufe. »Ich denke, ich bin fingermäßig benachteiligt, wenn es ums Tippen geht, obwohl ich mal ein A gemacht habe. Dafür braucht man keine Tastatur – drei Stöcke reichen. Ferkel war dabei.«

I-Ah seufzte und sah sich nach einer Distel um. Da er keine erblickte, seufzte er wieder. »Diese Ziel-Aussucherei und dieses Erfolgreich-Sein ist schwierig. Fürs Erste, glaube ich, wäre ich mit einer Distel zufrieden.« Er stockte und dachte einen Moment nach. »Eine zarte, fleischige sollte es aber schon sein, nicht bloß irgendeine alte Distel, auf der jemand gesessen oder sich gewälzt hat.«

»Es mag sein«, sagte der Fremde, »dass Erfolg zu erzielen eine schwierige Angelegenheit ist, aber ich glaube, ihr werdet feststellen, dass es mit dem Erfolgsrezept einfacher ist und mehr Spaß macht und dass ihr damit eher erreicht, was ihr euch vom Leben wünscht.«

Pu streckte sich wieder im Gras aus und schaute in die Wolken, die hoch über ihm vorbeizogen. »Ich glaube«, sagte er, »im Augenblick begnüge ich mich damit, das hier zu tun und damit Erfolg zu haben.«

»Wir wollen nichts hinausschieben«, sagte der Fremde, der es sich neben Pu bequem machte. »Aber ich denke, für einen faulen, schläfrigen Tag wie heute haben wir genug Stoff behandelt, und es ist nichts gegen eine verdiente Pause einzuwenden, zumal es ohnehin fast Zeit für eine Kleinigkeit ist und ich ein paar Erfrischungen in meinem Korb habe.«

Auch die anderen machten es sich bequem, während der Fremde den Korb auspackte.

»Ich finde noch immer, sie sieht aus wie eine Burg«, sagte Ferkel mit Blick auf die Wolken.

»Oder wie Klein«, sagte Kaninchen.

»Wer?«, fragte Eule.

»Nicht ›wer‹, Eule«, sagte Pu schläfrig. »›Wie‹.«

»Wie man anfängt? Man organisiert sich, und los geht's!«, quiekte Ferkel.

»Hurra!«, rief Ruh, das es kaum erwarten konnte, endlich damit anzufangen, erfolgreich zu sein.

KAPITEL 9

In welchem Pu vermisst wird,
der Fremde ihn rettet und
das Erfolgsrezept angewendet wird

Der Fremde unterbrach das Kofferpacken und blickte durch das geöffnete Fenster seines Zimmers im Gasthof zum Wald hinüber. Vor drei Tagen hatte er seine Freunde das letzte Mal gesehen. Seitdem hatte er alles aufgeschrieben, worüber sie gesprochen hatten.

Als er den Reißverschluss der letzten Tasche zuzog, kam Eule herbeigeflogen und setzte sich auf das Fenster.

»Ach … schnauf, schnauf … bin ich froh … dassssss ich dich noch erwische«, sagte Eule.

»Was ist denn los, Eule?«, fragte der Fremde.

»Pu ist losss, schnauf, schnauf«, sagte Eule, »ich meine, Pu issst nicht da. Es geht also eher um ein ›Wo‹ alsss ein ›Wasss‹ …«

»Was meinst du?«, fragte der Fremde.

»Pu issst verschwunden!«

»Ach, du liebe Güte«, sagte der Fremde.

»Ja. Seit einem ganzzzen Tag hat ihn niemand mehr gesehen«, sagte Eule. »Dasss sieht ihm ganzzz und gar nicht ähnlich, so lange weg zzzu sein. Du musssssst kommen und unsss suchen helfen.«

Also verließ der Fremde den Gasthof und eilte hinter Eule her, die schnurstracks zum Wald flog. »Ich habe allen anderen gesagt, dassssss wir unsss an Pusss Haussss treffen«, sagte Eule, während sie über dem Fremden herflog.

Als Eule und der Fremde an Pus Haus eintrafen, waren alle schon da. I-Ah kaute in der Nähe auf einer Distel, Ferkel lief herum und fragte alle dreimal, ob sie Pu gesehen hätten, und Kaninchen war emsig darum bemüht, es allen bequem zu machen und zu verhindern, dass seine Bekannten-und-Verwandten in Schwierigkeiten gerieten.

»Da sind sie ja!«, rief Ferkel.

Und sogleich sprach der Fremde mit jedem einzelnen Tier und erfuhr schließlich, dass Pu zwei Tage zuvor zuletzt gesehen worden war. Alexander Käfer hatte ihn nicht weit von Eules Haus gesichtet; er war mit einem großen Topf auf dem Weg zu Ferkels Haus gewesen und hatte vor sich hin gesummt. Das war alles.

»Was sollen wir tun?«, fragte Ferkel, dessen Ohren stärker zuckten, als wenn Heffalumps in der Nähe waren.

»Wir werden ihn finden, Ferkel«, sagte der Fremde. »Mach dir bitte keine Sorgen. Du weißt ja, wie Pu ist. Wahrscheinlich ist er nur wieder zu einem seiner Abenteuer aufgebrochen. Mit der richtigen Suche finden wir ihn bestimmt, bevor es Mittag ist.«

Doch der Fremde irrte sich.

Der Fremde half, alle in Suchtrupps einzuteilen. I-Ah und Ruh wurden zu I-Ahs Düsternis geschickt, Kaninchen und seine Bekannten-und-Verwandten gingen zum Honigbaum und den Trittsteinen, Känga und Tieger gingen zu der Sandkuhle; Eule flog zu den Sechs Tannen und dann weiter in den Hundertsechzig-Morgen-Wald, und Ferkel und der Fremde gingen zu Ferkels Haus und dann zu der Heffalump-Falle (nur für alle Fälle). Nach der Suche wollten sich alle wiedertreffen (einschließlich Pu, der dann sicher gefunden sein würde).

»Wo sollen wir uns treffen?«, fragte Ferkel. »Sobald wir Pu Bär gefunden haben, natürlich.«
»Treffen wir uns am Honigbaum!«, sagte Tieger.
»An Eulesss Hausss«, sagte Eule.
»An der Sandkuhle!«, zwitscherte Ruh.
»Ich denke«, sagte der Fremde, »wir sollten uns irgendwo in der Mitte unseres Suchgebietes treffen. Das ist für jeden von uns am einfachsten.«

»Wir können uns am Blitzbaum treffen«, sagte Ferkel. »Das ist nicht weit von der Stelle, wo das Wuschel beinahe gefangen wurde, und auf dem Weg zu den Sechs Tannen. Wisst ihr alle, wo das ist?«

Zwischen Ferkels Haus und Eules Haus (genauer gesagt, Eules neuem Haus und Eules altem Haus) am Rand des Hundertsechzig-Morgen-Waldes stand ein großer, grauer Baum, der von einem Blitz getroffen worden war. Der Blitzschlag hatte den Baum ausgehöhlt, ihn aber stehen lassen, so dass er ein auffälliger und zentraler Treffpunkt war.

Sie vereinbarten, sich gleich, nachdem sie alle ihr Gebiet abgesucht hatten, zu treffen, und waren überzeugt, dass Pu dann bei ihnen wäre.

Aber das war er nicht.

Eule war als Erste fertig, obwohl sie die größte Fläche abzusuchen hatte, und sie schaute zu, wie die Suchtrupps nacheinander am Blitzbaum eintrafen und berichteten, dass sie keinen Erfolg gehabt hatten. Der Fremde und Ferkel kamen als Letzte, da sie sich zusätzlich Zeit genommen hatten, noch einmal bei Pus Haus vorbeizugehen, falls er inzwischen nach Hause gekommen wäre.

»Hat ihn jemand gefunden?«, fragte Ferkel.

»Nein«, sagte I-Ah und blickte besonders düster drein. »Keine Spur von ihm. Nicht mal ein leerer Honigtopf.«

»Meinst du so einen?«, piepste Ruh.

»Was für einen?«, fragte der Fremde.

»So einen«, sagte Ruh, das einen großen, schweren und eindeutig leeren Honigtopf unter einem Stechginsterbusch neben dem Blitzbaum hervorzog.
»Eine Spur!«, rief Ferkel.
»Wo genau hast du ihn gefunden?«, fragte der Fremde.
»Na, genau hier unten an dem Baum.«
Und im selben Augenblick hörten sie es.
Zuerst klang es wie das Geräusch, das der Wind im Herbst macht, wenn er durch den Wald stöhnt und alles klar und kalt macht.
»Ooooooo!«
»Habt ihr das gehört?«, fragte Ferkel.
»Hören können Tieger am besten. Was gehört?«, fragte Tieger.
»Schnell«, sagte der Fremde, »sucht alle um den Baum herum.«
Sie suchten.
»Hat jemand was gefunden?«, fragte der Fremde.
»Bloß das hier«, sagte Kaninchen und hielt einen kleinen Picknickkorb hoch, der genauso aussah wie der, den Pu manchmal mitnahm, wenn er davon ausging, den ganzen Tag unterwegs zu sein.«
»Der gehört Pu!«, rief Ferkel.
»Eine Pu-Spur!«, piepste Ruh.
»Oooooooo!«
»Ich glaube, ich habe eine Idee«, sagte der Fremde. Er ging zu dem Stamm des Blitzbaumes und klopfte dreimal laut dagegen. *Poch, poch, poch!*
Ganz schwach und etwas traurig sagte jemand: »Herein.«

»Es ist Pu. Es ist Pu!«, sagte Ferkel, und es begann, unten am Baum im Kreis herumzulaufen, während Tieger ungestüm herumsprang und alle anderen riefen: »Wir haben Pu gefunden! Hurra!«
Nach einigen Proberufen kamen sie zu dem Ergebnis, dass Pus Stimme von einer Stelle etwa drei Meter hoch im Stamm des Baumes kam, direkt unterhalb der ersten großen Äste, die vom Stamm abgingen.
»Wie bist du denn bloß in dem Baum stecken geblieben?«, fragte der Fremde.
»Das ist eine lange Geschichte«, antwortete Pu und klang etwas gedämpft aus dem Innern des Baumes.
»Sieht so aus, als hätten wir etwas Zeit«, sagte I-Ah.
»Ich hab versucht, erfolgreich zu sein«, begann Pu. »Ich wollte erfolgreich sein, also habe ich die Methode angewandt, die der Fremde uns beigebracht hat.«
»Das Erfolgsrezept!«, quiekte Ferkel.
»Ja«, sagte Pu. »Zuerst hab ich einen Traum ausgewählt. Was für ein wunderbarer Traum das doch war ...« Pu stieß einen so lauten Seufzer aus, dass alle anderen, die um den Baum herumstanden, ihn hören konnten. »Ich habe von Honig geträumt. Jede Menge Honig. Genug für den ganzen Sommer. Eigentlich hat der Traum mich ausgewählt. Aber sobald ich den Traum hatte, wusste ich, dass ich ihn verfolgen musste.«
»Was hast du als Nächstes gemacht?«, fragte der Fremde.
»Na, den nächsten Schritt natürlich«, sagte Pu. »Ich habe meinen Traum auf ein Ziel gerichtet.«

»Und wasss war dasss Zzziel, freundlicher Bär?«, fragte Eule.

»Mir fiel ein, dass ich neulich im Wald ein sehr lautes Summgeräusch gehört hatte«, sagte Pu. Und wo es summt, da sind Bienen – und wo Bienen sind …«

»Da ist Honig!«, rief Ferkel.

»Ganz genau, Ferkel«, sagte Pu. »Also habe ich mir das Ziel gesetzt, mir den Honig zu holen.«

»Und dann«, sagte der Fremde, »hast du bestimmt einen Plan entworfen, das ist ja der nächste Schritt.«

»Ja, das habe ich«, sagte Pu, der noch immer gedämpft und traurig klang. »Es war ein guter Plan. Nicht sehr schwierig, aber gut. Zuerst wollte ich in verschiedene Teile des Waldes gehen und lauschen. Wenn ich ein Summgeräusch hören würde, wüsste ich, dass es in der Nähe sein musste. Dann würde ich noch genauer lauschen und die Quelle des Summgeräusches ausfindig machen, nämlich den Baum, die Bienen und den Honig. Als Nächstes würde ich mich darauf vorbereiten, den Honig zu holen, und ihn dann holen. Den Honig, meine ich. Und dann würde ich ihn essen. Na ja, jedenfalls etwas davon. Wenn es wirklich genug für einen ganzen Sommer wäre, würde ich den Rest in die leeren Töpfe in meinem Schrank tun und …«

»Pu? Alles in Ordnung?«, fragte der Fremde.

»Aber ja«, sagte der gedämpfte Pu. »Ich hab bloß eben an Honig gedacht und Hunger bekommen, also hab ich etwas Honig gegessen.«

»Was ist dann passiert?«, fragte Ferkel.

»Tja, der nächste Schritt ist Ressourcen organisieren«, sagte Pu. »Also hab ich das getan. Ich wusste, dass die Suche nach dem Baum lange dauern könnte, deshalb wusste ich, ich würde Por…, Pro…, Porviant … brauchen … etwas zu essen. Und ich hab mir gedacht, ich könnte ein paar Hilfsmittel gebrauchen, um den Honig aufzuschöpfen, und Töpfe, um ihn zu tragen. Und ich habe mir auch gedacht, es wäre eine Hilfe, wenn ich besser klettern könnte. Ihr wisst ja, wie ich von dem Honigbaum gefallen bin.«

»Von Bäumen fallen können Tieger am besten«, sagte Tieger.

»An der Stelle«, sagte Pu, »bin ich dann zurückgegangen und habe meinem Plan ein paar Kletterübungen hinzugefügt. Nur für alle Fälle natürlich. Aber ich wusste, dass ich meine Fertigkeiten und Fähigkeiten verbessern musste, wenn ich den Honig bekommen wollte.«

»Hast du deine Zeit klug eingeteilt?«, fragte der Fremde.

»Ja«, sagte Pu. »Ich hab früh angefangen, nach einem guten, kräftigen Frühstück, da ich zu dieser Zeit in Höchstform bin – nach dem Essen, meine ich. Und ich habe zusätzliche Zeit zum Kletternüben eingeplant, und schließlich habe ich dafür gesorgt, dass ich nicht abgelenkt würde, obwohl ich unterwegs einen sehr interessanten Schmetterling gesehen habe. Ich hoffe, er ist noch im Wald, wenn ich hier rauskomme. *Falls* ich hier rauskomme.«

»Keine Sorge, Pu«, sagte der Fremde. »Ich habe darüber nachgedacht, während wir uns unterhalten haben, und ich bin sicher, dass wir dich dort herausholen können.«

»Aber wie?«, fragte Pu. »Die ›Wies‹ sind immer am schwierigsten.«

»Wenn du uns zu Ende erzählst, ›wie‹ du stecken geblieben bist«, sagte der Fremde, »fällt uns vielleicht etwas ein, wie wir dich da rauskriegen.«

»Wir haben doch über den Zusatz in dem letzten Schritt auf dem Weg zum Erfolg gesprochen, wo es heißt, man soll organisieren, bevor es losgeht«, sagte Pu. »Und das habe ich getan. Ich habe alle meine Hilfsmittel und meinen ganzen Porviant organisiert und mit meinem Plan angefangen. Ich bin in viele verschiedene Teile des Waldes gegangen, aber erst als ich an dem Blitzbaum vorbeigekommen bin, habe ich das Summgeräusch gehört. Und als ich genauer gelauscht habe, ist mir klar geworden, dass es von hoch oben im Baum kam. Also bin ich hochgeklettert und habe gesehen, dass der Blitz den Baum ausgehöhlt hat, genau richtig für Bienen. Ich wollte gerade wieder runterklettern und meine Töpfe holen, da bin ich ausgerutscht und gefallen. Und jetzt stecke ich hier drin fest. Stecke sehr klebrig fest. Mmmmmm.«

»Keine Sorge, Pu«, sagte der Fremde, »wir holen dich raus.«

Sie überdachten alle Pus missliche Lage und erörterten verschiedene Möglichkeiten, wie sie Pu aus dem Baum holen könnten.

Eule meinte, sie könnten doch bis zu einem sehr stürmischen Tag warten, dann würde der Baum bestimmt umkippen, denn er war nicht einmal so stark wie der, in dem ihr Haus gewesen war, aber die anderen fanden es nicht richtig, so lange zu warten, um Pu zu retten.

I-Ah meinte, sie könnten ein langes Seil besorgen und damit den ganzen Baum niederreißen. Aber sie fanden alle, das könnte gefährlich sein.

Schließlich entschieden sie, dass sie Pu genauso retten würden, wie Ferkel aus Eules Haus gekommen war, als

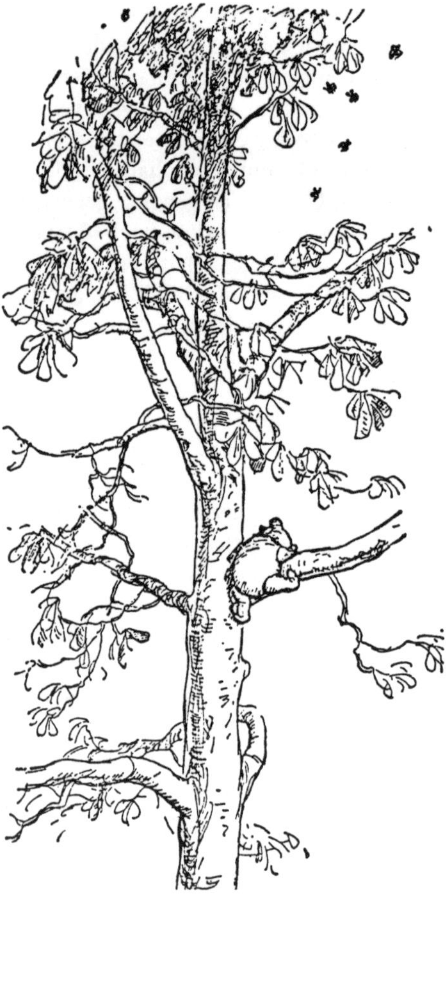

es umgeweht worden war. Sie würden ein langes Seil besorgen, und Eule würde mit einem Ende des Seils zu einem Ast im Blitzbaum fliegen, der etwas über Pu hing, und das Ende zu Pu hinabwerfen. Alle anderen könnten ihn dann aus dem hohlen Baum ziehen, und er wäre gerettet. Das erklärten sie Pu, der nur ein einziges Problem hatte.

»Aber wie kriege ich den Honig raus?«

Der Fremde machte sich daraufhin auf den Weg zu der Schaukel, die sie gebaut hatten, und band das Seil los, damit sie es für Pus Rettung benutzen konnten. Eule flog unterdessen die leeren Töpfe, die Pu mitgebracht hatte, nach oben zu der Aushöhlung im Baum, und sobald Pu sie gefüllt hatte, hievte er sie hoch und schob sie nach draußen, wo Tieger sie auffing und dank seiner ungestümen Wendigkeit verhinderte, dass sie am Boden zerschellten. Sie hatten fast alle Töpfe gefüllt, als der Fremde mit dem Seil von der Schaukel zurückkam.

»Bist du sicher, es klappt?«, fragte ein gedämpfter Pu aus dem Innern des Baumes.

»In einer Minute bist du draußen«, sagte der Fremde und gab Eule das Ende des Seils, die damit über einen stabil aussehenden Ast oberhalb der Stelle flog, wo Pu in den Baum gefallen war.

»Halt dich gut fest, Pu!«, rief Ferkel. »So, jetzt alle *ziehen*!«

Und sie zogen und zogen, und ganz langsam kam Pus Kopf an der Stelle in Sicht, wo die großen Äste des Baums vom Stamm abgingen.

»Ich sehe ihn!«, rief Ruh.
»Er ist frei!«, rief Ferkel.
Und dann ließen sie Pu ganz sachte zu Boden, neben dem Baumstamm und mitten unter den vielen Töpfen, die sie aus dem Baum geholt hatten.
»Hurra!«, rief Pu, denn seine Freunde hatten ihn gerettet.
»Hurra!«, riefen seine Freunde, denn sie hatten Pu gefunden.
Pu sah ziemlich zerzaust aus, überall in seinem Fell waren honigverklebte Rindenstückchen und Kletten und Honigwaben. Er bedankte sich der Reihe nach bei seinen Rettern, und dann sah er sich all die Honigtöpfe an, die auf dem Boden standen.
»Ich bin ein Erfolg!«, rief Pu.
»Ja, Pu«, sagte der Fremde. »Du hast deine Sache sehr gut gemacht, du hast die Schritte des Erfolgsrezeptes befolgt, die wir gelernt haben, und du hast bewiesen, dass du sie sehr gut verstanden hast.«
»Obwohl es zum Teil ja ganz schön klebrig zugegangen ist«, fügte I-Ah hinzu.
»In Zukunft«, sagte der Fremde, »sag doch bitte Bescheid, wenn du vorhast, zu einem Abenteuer aufzubrechen.«
»Ich hatte wirklich keine Ahnung, dass es so abenteuerlich werden würde«, erwiderte Pu.
»Na, ich hoffe, du hast deine Lektion gelernt, Pu«, sagte der Fremde.
»Oh ja«, sagte Pu. »Beim nächsten Mal bring ich *noch* mehr leere Töpfe mit.«

Und dann halfen der Fremde und Pus Freunde, den Honig zu Pu nach Hause zu bringen. An der Schaukel machten sie Halt, um das Seil wieder anzubringen, und setzten sich sogar abwechselnd drauf, um auszuprobieren, ob die Schaukel auch noch genauso gut funktionierte wie zuvor.

KAPITEL 10

In welchem der Fremde über die Bedeutung von Erfolg (wie immer man Erfolg auch definiert) nachdenkt und seinen Freunden auf Wiedersehen sagt

Als der Fremde in den Gasthof zurückkam, war er sehr müde. Doch er war auch sehr froh, dass er und die anderen im Hundertsechzig-Morgen-Wald Pu aus seiner Zwangslage im Blitzbaum hatten befreien können. Er packte seine Taschen wieder aus, da er eine weitere Nacht bleiben musste, und ging nach unten in die Schankstube, um vor dem Schlafengehen noch einen Happen zu essen. Er nahm an dem Tisch ganz in der Nähe des Kamins Platz und gab die Bestellung auf.

Während er auf das Essen wartete, entspannte sich der Fremde in der Wärme des Feuers und dachte darüber nach, was er Pu und seinen Freunden beigebracht hatte. Aufgrund seiner Erfahrung war er zuversichtlich, dass sie um einiges besser dran waren, wenn sie auch nur ansatzweise gelernt hatten, sich selbst zu organisieren, um ihr Augenmerk und ihre Bemühungen auf Dinge zu richten, die sie wirklich interessierten.

So häufig, dachte der Fremde, übersehen die Menschen, wie wichtig es ist, ihren eigenen Träumen Priorität einzuräumen und sich nach ihren Träumen zu

richten. Der Fremde dachte an seine eigenen Erfahrungen, an seinen ersten Job nach dem College, an all die Jahre in verschiedenen Firmen und in verschiedenen Positionen und dass er irgendwann gemerkt hatte, dass irgendwas fehlte, obwohl er seine Arbeit gut und erfolgreich machte. Er fing an, sich umzusehen, sich selbst und seine Arbeit unter die Lupe zu nehmen und auf die Dinge zu achten, die ihn wirklich interessierten und die er ausgesprochen gern tat. Schließlich kam er zu der Erkenntnis, dass es ihm großen Spaß machte, Probleme zu lösen, mit Menschen zu arbeiten und ihnen die Fertigkeiten beizubringen, die er sich angeeignet hatte.
Wenn er das zu seinem Beruf machen könnte, so sein Traum, dann würde die Arbeit wieder spannend sein. Sich keine Gedanken mehr um all die anderen Dinge machen zu müssen, für die er verantwortlich war, obwohl er sie einigermaßen gut bewältigte, auch wenn sie ihm wenig Spaß bereiteten, erschien ihm einfach zu schön, um wahr zu sein.
Der Fremde erinnerte sich, wie er eines Tages von seinem Chef in dessen Büro gerufen worden war, wo ihm eröffnet wurde, dass sein Arbeitsplatz aufgrund von Umstrukturierungen und Stellenabbau wegfallen würde, was er seltsamerweise mit Erleichterung aufgenommen hatte. Man bot ihm an, eine andere Position innerhalb der Firma anzunehmen oder mit einer bescheidenen Abfindung auszuscheiden. Für den Fremden lag die Entscheidung auf der Hand.

Schmunzelnd musste er dann daran denken, wie er auf dem Flug nach Hause seinen Traum in einen Aktionsplan umgewandelt hatte. Als die Maschine landete, war der Plan fertig. Die letzten beiden Monate in der Firma arbeitete er doppelt so hart wie zuvor, um seinen Plan in die Tat umzusetzen. Er rief alle Geschäftskontakte an und erklärte, was er vorhatte. An seinem letzten Arbeitstag hatte er schon etliche Verträge unter Dach und Fach. Als selbstständiger Trainer für Führungskräfte half er seinen neuen Klienten, ihre Probleme zu lösen, indem er ihnen die dazu erforderlichen Methoden beibrachte.

Nach mehreren Jahren Selbstständigkeit ließ die ständige Furcht, es allein vielleicht doch nicht schaffen zu können, nach, und die Zuversicht wuchs, dass er andere von den Lektionen, die er gelernt hatte, profitieren lassen könnte und sollte.

Eines Abends vor – wie es ihm jetzt vorkam – langer Zeit, las er seinem Sohn als Gutenachtgeschichte aus einem heiß geliebten Kinderbuch vor und hatte plötzlich einen neuen Traum, nämlich den Traum, den Hundertsechzig-Morgen-Wald zu besuchen und die Freunde aus seiner Kindheit kennen zu lernen, um dann anhand ihrer Abenteuer in einem Buch die Lektionen zu erläutern, die er selbst mühevoll gelernt hatte.

Der Fremde lächelte, als er an die vielen Abenteuer dachte, die er und Pu und Ferkel und all die anderen erlebt hatten. Der Kellner blickte ihn neugierig an, als er das Essen brachte, wohl weil er sich fragte, warum

der Gast grinste wie ein Honigkuchenpferd, aber das ist schon wieder eine ganze andere Geschichte.
Es erfüllte den Fremden auch mit Freude, dass jeder die einfachen Hilfsmittel, Methoden und Grundprinzipien beherrschen konnte, die er in seinen Büchern darlegte, und dass sie jedem zu einem erfüllteren, angenehmeren, befriedigenderen und produktiveren Leben verhalfen – also dazu, erfolgreicher zu sein (wie auch immer man für sich Erfolg definierte und welchen Weg man auch immer einschlug).
Der Fremde dachte daran, wie er Pu kennen gelernt hatte und dass Pu schon damals auf seine unnachahmliche Weise den Nagel auf den Kopf getroffen hatte.

> Hier kommt nun Eduard Bär die Treppe herunter, rumpel-di-pumpel, auf dem Hinterkopf, hinter Christopher Robin. Es ist dies, soweit er weiß, die einzige Art, treppab zu gehen, aber manchmal hat er das Gefühl, als gäbe es in Wirklichkeit noch eine andere Art, wenn er nur mal einen Augenblick lang mit dem Gerumpel aufhören und darüber nachdenken könnte.

Der Fremde dachte, jeder könne von Pus Ratschlag profitieren und einen Moment lang mit dem Gerumpel aufhören und über eine andere Art nachdenken.
Der Fremde hob anerkennend sein Glas und sagte: »Danke, Pu, du bist ein überaus erfolgreicher Bär.«

PUS ANHANG

Das Erfolgsrezept von Winnie-dem-Pu

Ihr braucht kein fantastisches Gedächtnis, um ein Erfolg zu sein, weil ihr euch ja schließlich alles aufschreiben könnt. Was Pu (mitunter ein sehr vergesslicher Bär) auch tun würde, wenn er wüsste, wie (es sind die »Wies«, mit denen er Probleme hat).

Aber Pu ist des Schreibens nicht mächtig, deshalb benutzt er die folgende Gedächtnisstütze, um sich zu vergewissern, dass er weiterhin auf dem Weg zum Erfolg ist. Da ihr die Art Menschen seid, die freundlich zu Bären ist, gestattet er euch, dieses Hilfsmittel ebenfalls zu verwenden.

JEDER MUSS FÜR SICH SELBST DEFINIEREN,
WAS ERFOLG IST
euer Erfolg = E+R+F+O+L+G

Erwählt einen Traum. Sucht euch aus, was ihr wirklich erreichen wollt, die Dinge, die ihr wirklich gern tun würdet, oder vielleicht sogar einen Beruf, den ihr ausüben möchtet. Entscheidet, was eure Träume sind, ohne dabei an Hindernisse zu denken oder daran, wie schwierig es sein könnte, eure Träume zu verwirklichen.

Richtet euren Traum auf ein Ziel. Ein Ziel ist das Ergebnis, auf das man sein Bemühen richtet. Euren Wünschen sind keine Grenzen gesetzt. Wenn ihr einen Traum in ein Ziel verwandeln wollt, macht ihn präzise, konkret, eindeutig. Beispiel: Wenn es euer Traum ist, reich zu werden, könnte das Ziel lauten, binnen elf Jahren $ 10 317 452,67 auf der hohen Kante zu haben.

Stuft Ziele als kurzfristig oder langfristig ein (kurzfristig heißt sechs Monate oder weniger).

Vergesst nicht, die Losung heißt ERZIELT:

Ergreift eure Möglichkeiten beim Schopfe.
Richtet eure Ziele mit Bedacht auf das, was ihr erreichen wollt, und ihr werdet es erreichen.
Ziele sollen lang- und kurzfristig sein. Wenn ihr sie erreicht habt, steckt euch neue.
Ideal sind wirklich ehrgeizige Ziele. (Falls Ziele euch einschüchtern, zergliedert sie in Unter-

ziele, die leichter zu erreichen sind, und belohnt euch, wenn ihr ein Unterziel erreicht habt.)

Erfolg braucht konkrete Ziele. Steckt euch präzise Ziele und schreibt sie euch auf.

Langfristige Ziele haben einen hohen Stellenwert. Besonders befriedigend ist es, langfristige Ziele zu erreichen.

Trotzt allen Konflikten zwischen den Zielen. Setzt euch relative Prioritäten, überdenkt eure Ziele, oder begegnet Konflikten mit Problemlösungsmethoden.

Fertigt einen Plan an. Ein Plan ist eine Liste mit den Dingen, die wir in der richtigen Reihenfolge tun müssen, die uns von da, wo wir jetzt sind, dorthin bringen, wo wir sein möchten.

Listet einzelne Schritte auf, die euch an euer Ziel bringen.

Erkennt die drei Elemente eines jeden Schritts: Was, Wann und Wer.

Was soll getan werden?
Wer wird es tun?
Wann wird es getan?

Vereinfacht jeden einzelnen Teil und setzt euch Etappen, indem ihr die Ziele in kleinere Elemente und Aufgaben gliedert, damit ihr eure Fortschritte besser einschätzen könnt.

Seid unvoreingenommen.

Wenn euch ein Schritt unmöglich erscheint, überlegt, ob er sich nicht in einfachere Unterschritte zergliedern lässt.

Ein abhängiger Schritt ist einer, der von der Erledigung eines früheren Schrittes abhängt.

Unabhängige Schritte lassen sich normalerweise jederzeit durchführen.

Organisiert Ressourcen. Eine Ressource ist etwas, was zur Verwendung bereit steht oder als Hilfsmittel herangezogen werden kann.

Die vier Hauptressourcen sind Zeit, Geld, Wissen und Fertigkeiten.

Überprüft euren Plan und entscheidet, welche Ressourcen erforderlich sind.

Stellt Ressourcen bereit oder sorgt dafür, dass sie im Bedarfsfall zur Verfügung stehen.

Eine Fertigkeiten-Bestandsaufnahme ist eine Liste mit all den Dingen, die ihr könnt.

- Denkt daran, dass Fertigkeiten übertragbar sind.
- Listet all die Dinge auf, in denen ihr gut seid oder Erfahrung habt.
- Listet nur solche Fertigkeiten auf, die ihr euch wirklich zutraut.

Überprüft Listen (eure und die von anderen) erneut, wenn ihr ein neues Projekt oder einen neuen Job anfangt oder wenn ihr eine Position besetzen müsst.

Lernt oder verbessert Fertigkeiten und Fähigkeiten. Es kann sein, dass euer Ziel Fertigkeiten verlangt, die ihr zurzeit nicht habt, oder größere Fähigkeiten, als ihr sie besitzt.

Bestimmt, welche Fertigkeiten und Fähigkeiten ihr braucht.

Um neue Fertigkeiten zu erwerben, findet heraus, welche Ressourcen verfügbar sind.

Baut das Aneignen oder Üben von Fertigkeiten in euren Plan ein.

Um Fertigkeiten zu bewahren oder zu verbessern, ist häufig Übung erforderlich.

Übt mit Intention.

Übt, so oft ihr könnt.

Schätzt eure Fortschritte realistisch ein, und habt Geduld.

Belohnt euch, wenn ihr Zwischenerfolge erreicht habt.

Wenn ihr nicht über die erforderlichen Fertigkeiten verfügt und es zu schwierig ist, sie euch selbst anzueignen, sucht euch jemanden, der die Fertigkeiten besitzt, und bittet ihn um Hilfe.

Gestaltet eure Zeit klug. Was ist Zeit? »Zeit ist das, was sich zwischen die Dinge drängt«, sagte Pu, »damit nicht alles auf einmal passiert.«

Zeit lässt sich nicht managen! Managt die Art und Weise, wie ihr eure Zeit *nutzt*.

Existenziell wichtige Zeit (Zeit zum Essen, Schlafen und Spielen) darf *nicht* reduziert werden.

Protokolliert und überprüft eure gegenwärtige Zeitnutzung; so stellt ihr fest, ob sie eurer subjektiven Wahrnehmung entspricht.

Möglichkeiten zur Verbesserung der Zeitnutzung:

- Funktionen an andere delegieren
- Resultate in einem Minimum an Zeit mit Hilfe der Problemlösungsmethode erzielen
- Individualität, Kreativität und Flexibilität zeitlich einplanen
- Störungen vermeiden und Routinearbeiten minimieren
- Teamwork und Arbeitsteilung anwenden

Die drei Teile einer jeden Aktivität:

- Aktivität vorbereiten
- Aktivität ausführen
- Aufräumen, wenn Aktivität erledigt

Minimiert bei jeder Aktivität die Zeit für die Vorbereitung und fürs Saubermachen und maximiert die Zeit für die eigentliche Aktivität.

Und *last but not least* der Zusatz des letztes Schrittes:

Organisiert euch, und los geht's! Der tollste Plan der Welt ist für die Katz, wenn man nicht anfängt.

Um Erfolg zu haben, müsst ihr anfangen. Schiebt es nicht hinaus!

Durch Organisation schafft ihr Dinge besser und schneller.

Bevor ihr anfangt:

- Überprüft noch einmal euren Plan.
- Kontrolliert sicherheitshalber, ob eure Ressourcen auch alle zur Verfügung stehen, wenn ihr sie braucht.
- Vergewissert euch, dass euer Arbeitsplatz gut organisiert, richtig ausgestattet und effektiv eingeteilt ist.
- Eure Unterlagen über die Arbeit, die ihr geleistet habt, um euren Traum auszuwählen, euer Ziel zu setzen und einen Plan zu entwerfen, gehören an euren Arbeitsplatz, damit ihr sie in regelmäßigen Abständen kontrollieren und gegebenenfalls verändern könnt.
- Außerdem solltet ihr die erforderlichen Hilfsmittel zur Hand haben, um eure Arbeit effektiver erledigen zu können.

Chinesisches Sprichwort: »Viele Wege führen zum Gipfel des Berges, aber die Aussicht ist immer gleich.« Möge euer Weg einfach und gerade sein, und vergesst nicht, die Aussicht zu genießen.

Roger-Pol Droit

FÜNF MINUTEN EWIGKEIT

101 philosophische Alltagsexperimente

272 Seiten, gebunden

Beobachten Sie den Staub in der Sonne; gehen Sie die Treppe herunter, und stellen Sie sich vor, dass sie kein Ende hat; essen Sie etwas, das Sie nicht mögen. — Roger-Pol Droit lässt uns mit Charme und viel Humor auf die scheinbar kleinen Dinge des Lebens schauen, hinter denen die großen philosophischen Themen aufblitzen. Für einen Moment werden wir aus der Routine des Alltags gerissen und erleben die Dinge auf eine neue, zuweilen wundersame Weise. „Was wollen Sie mit dem Buch?“ – „Was Sie damit anfangen!“